その「日本人論」に異議あり！

大変革時代の日本人像を求めて

スティーブ・モリヤマ

芸術新聞社

はじめに

グローバル化の進展で、より多くの人たちが外国暮らしを経験するようになった。海外での経験を通して体得した知見を日本の人たちと共有する姿勢は素晴らしい。間違っている可能性があっても、自分の物差しで判断して、自分の言葉で伝えたい気持ちはよくわかる。それは純粋に美しい行為だと思う。

ただ、その国におけるごくごく限られた個人の経験をもとに「海外では××が常識だ」「海外の人たちは××と言っている」といった「過度の一般化」をするのはいかがなものだろうか。そもそも、「海外」とは何なのか？　……言うまでもなく、「日本以外の国々」である。では、「海外」にはいったいいくつの国があるのだろう？

外務省のサイトによると196ヵ国とあり、これに国連加盟国だが日本が国として承認していない北朝鮮を加えると197ヵ国になる。「海外では」と総括して言い切れる人は、日本を除く196ヵ国すべての国を訪れたことがあるのだろうか。仮にあるとしても、その196ヵ国すべての商習慣や文化に共通していて、日本だけが異なることなど存在するのだろうか。

「海外ではこうなんだ」「海外の人たちに聞いてみよう」というコトバを聞くたびにわたしが感じる違和感はそこにある。おそらく〝島国〟日本における「ウチとソト」という瞬時の区分けが潜在意識下で行われるため、「海外では」という表現に違和感を覚える日本の人は少ないのかもしれないが、よく考えてみれば誰にでもわかる詭弁《きべん》ではなかろうか。

これは、何も海外に住む日本人だけに当てはまるわけではない。日本に住む外国人留学生やビジネスパーソンに「海外ではどうなのでしょうか?」と日本人が問いかけると、まるで196ヵ国の代表であるかのごとく、「日本だけですよ、こんなことをしてるのは」と、おそらくさして国際経験もない、どこかの国の人がしたり顔で発言する。

それをありがたそうに拝聴している日本の人を見かけると、とても残念な気持ちになる。なぜなら、平均的に見れば、日本人のほうが、よほどいろいろな国を訪れていて、世界観が広いからだ。

「A国では」「B国では」と「では、では」を繰り返す人は、A国にせよB国にせよ、そもそも日本という先進文化をもつ大国の比較対象としてふさわしい国かどうかを十分に検証した上で、そういうことを口にしているのだろうか。おそらく、そうではあるまい。

本稿は、日本に蔓延するこうした「出羽《では》の守《かみ》」の主張が、無意識のうちに日本の人々を毒のごとく蝕んでいることに危機感を抱き、少しでも「毒抜き」ができればと思って書き始めたものである。

国外の知見を日本で発信する人たちには、「海外では」という枕詞《まくらことば》は廃止して、せめて「××国では」「××地域では」に言い換えてもらうようお願いしたい。本当のところ、196ヵ国どころか、たとえ1ヵ国であっても、その国の置かれた状況や歴史・文化を理解した上で内在的論理をおぼろげながら把握し、多少なりとも真実に近い〝本質論もどき〟を語れるようになるまで、わたしの経験では最低10年はかかると思うのだが……。

昔の「出羽の守」

一方で、歴史を振り返ると「出羽の守」の主張が必ずしも毒を多く含んでいなかった時代もある。6世紀半ばに仏教が日本に伝わったころ、日本人にとって「外国」といえば、基本的に中国と朝鮮半島の国々しかなかった。おそらく当時の崇仏派の人たちの中にも「海外では」を連発する「出羽の守」が少なからずいたはずだ。

だが、今と違うのは当時の「外国」は隋や百済などに限られており、今よりもずっと守備範囲が狭かった点だ。しかも、人口比でいうとかなりの数の渡来人（中国人・朝鮮人を中心とした外国人）が日本に住んでいたことからも、「外国では××」というコトバの意味は、それほど真実からかけ離れたものではなかったのではなかろうか。

その意味で、近代グローバル化の進展が「海外では」という枕詞を限りなく虚言に近いものに変質させてしまったとも言えそうだ。ここで特筆すべきは、１０００年以上も前から脈々と続く日本人独自の柔軟性である。異文化から「真似」び、守破離の精神（芸道や武道を極めるための修行の段階、師弟関係のあり方を示した思想）で日本独自のものを創り出す力。「和風ごった煮のレシピ」（本書第11項参照）と言い換えてもいいだろう。

仏教伝来時、おそらくは「隋では」「百済では」あるいは「仏教では」という枕詞を連発する「出羽の守」であったと想定される蘇我氏は、渡来人を味方につけ、「外国の宗教を受け入れたら日本古来の八百万《やおよろず》の神々がお怒りになる」という排仏派（神道系保守派）の物部《もののべ》氏に勝利した。

以来、いつの時代も仏教は日本人の心の中で重要な位置を占めてきたが、興味深いことに、神道も排除されることなく生き続け、仏教とパラレルで仲良く共存（神仏習合）してきた。だから、今でも「神様、仏様」と祈る人は少なくないし、神社の中にお寺（神宮寺）があることもある。

時空を超えて大人気の「和風ごった煮のレシピ」

「和風ごった煮のレシピ」（64頁・第11項参照）は、今でも日本人のあいだで大人気のようだ。たとえば、昨今の異常ともいえるハロウィン・パーティーの盛り上がりには、正直なところ戸惑いを覚えるが、善し悪しは別として、世界の主要国では決して起こりえない現象だろう。

一般的に宗教の本質は排他的団結性（二分性）と非妥協性に集約できるが、違う宗教に対してこれほど柔軟な姿勢を持つ国は、世界的に見ても稀である。明治から昭和にかけて活躍した知識人、鈴木大拙《だいせつ》はそれを「不二性」と呼んだ。

「不二性」にせよ、「和風ごった煮のレシピ」にせよ、表現は別として、誕生時や七五三にお宮参りをし、仏教徒であろうがなかろうがお寺に参詣し、結婚式はキリスト教式か神道式、お葬式はたいてい仏教式で行い、死後は仏教上の名前（戒名）をつける人が日本には少なくない。これに加え、ハロウィンやクリスマスもお祝いするのだから、信心深い外国の人たちは頭の中が混乱してくるだろう。ひょっとすると、そのうち中国の旧正月もお祝いしはじめるのではなかろうか。

日本にとって本当に重要なのは何か？

わたしの本業の世界では、「マテリアリティー（重要性）」という一般には馴染《なじ》みのない言葉がよく使われる。世界に２００近くの国があろうが、言うまでもなく日本にとって重要な国は、そのなかのごく一部だ。「重要性」の判断にはいろいろな切り口がありそうだが、冒頭で述べた「日本がどう見られているか」という視点に立つと、「日本に関心を寄せてくれている人たちのなかでどう見られているか」を考えることを優先すべきではないだろうか。

その意味で、最近数字が著しく伸びている訪日外国人客数は、我々に重要な示唆を与えてくれそうだ。２０１７年度の訪日外国人客の合計は２８６９万人だったそうだが、内訳のなかで重要な割合を占めたのは、伝統的に我々が「外国人」として真っ先に思い描く人たち（欧米人）ではない。全体の４分の１に相当する７００万人以上は中国人であり、その他アジア諸国からの訪日客を合計すると、全体の８割以上がアジア人である事実が浮かび上がってくる。

こうした事実を直視すると、日本にとって重要性のある「外国人」はアジアの人たちであり、日本人が気にするべきは「アジアの人たちが日本をどう見ているか」「アジアの人たちといかにうまく共存・共創していくか」という視点であろう。

ところが、現実はどうだろう。鹿鳴館《ろくめいかん》メンタリティーを引きずっているのか、あるいはアジアの人たちに対する複雑でビミョーな優越感が影響しているのか、よくわからないのだが、日本のメディアでは、「欧米人がどう感じるか」という視点が「グローバルな代表的視点」かのごとく報道されることが少なくない。

本当のところ、欧米社会で日本に興味をもつ人の数はごくわずかにすぎず、政府があれだけ必死に外国人訪日客誘致に力を入れても、たとえば米国人訪日客の全体に占める割合は5％にも満たない。これに対して、上述のようにアジア人は8割強。パレートの法則（80対20の法則）を持ち出すまでもなく、日本人にとって「外国＝アジア」「外国人＝アジア人」という認識が、一番リアリティーがあるといえるのではないだろうか。

ちなみに、欧州に住むわたしは、よく日本の知り合いから「向こうでは日本のことはよく報道されるの？」と聞かれるが、実際のところ、ほとんど報道されない。米国の大多数の州でも同じだろう。

これは日本が悪いわけではない。ヨーロッパにせよ、米国にせよ、日本人が思っているほど国際的ではないのだ。もちろん、各論レベルでは例外は多数あるだろうが、総論でいえば、国際感覚に欠ける人たちがびっくりするほど多いのが現実である。そして、ここが重要なのだが、同じ視点で総論（平均）比較すると、日本人のほうがはるかに国際的なのである。

もちろん、日本にはたくさん改善すべき点がある。しかし、大切なことは、完璧主義で考えないことだ。完璧な国も、完璧な人種も、そして完璧な人間もいないのだから。第41項（239頁）で論じたように「不完全を愛でる」力が日本人の強みなのだ。そう考えてみると、日本の良い面が見えてくる。日本人の良い面が見えてくる。そこから日本の、そして日本人の自己変革の第一歩は始まっていく。異文化の寄木細工《よせぎざいく》のような欧州に長く暮らしていると、ふとそんな思いにとらわれることがある。

末筆ながら、芸術新聞社の相澤正夫社長ならびに松川淳子氏には本書上梓にあたって大変お世話になった。また、講談社の野間社長ならびにクーリエ・ジャポンの編集長各氏（富倉氏、井上氏、そして現編集長の神谷氏と編集者の青木氏）からは、ブレスト等を通して様々な示唆をいただいた。これらの方々ならびにその他お世話になった皆さまに心よりお礼申し上げたい。

著者

目次

第2章　グローバル化のうねりと日本人

51

第4章 異文化の壁・男と女の壁

135

第5章 21世紀の日本人像をさがす旅 173

第1章

神話が真実としてまかり通る国ニッポン

01 入社式の謎

日本を離れてから、30年近くの年月が流れた。その間ずっと、1万キロ離れた欧州から日本を見つめている。

日本を俯瞰《ふかん》していて気になることの一つに、この国を覆う「毒のヴェール」が挙げられる。

「米国では……」「××国では……」と、限られた海外経験から短絡的に日本を非難し、実《まこと》しやかに「神話」を語る「ではの守」が跋扈《ばっこ》する国、日本。

そんなことを考えながらパリのカフェでスマホをいじっていると、「労働力を売るだけの関係に入社式なんて不要」という見出しが目に飛び込んできた。うーむ、本当だろうか。

異文化比較で大切なのは、背景の違いを把握すること。まず、英米と日本における労働市場の最大の差異はなにか。それは、採用形態と雇用の流動性である。

大企業に限っていえば、今でも新卒一括採用と終身雇用制が事実上温存されているのが日本だ。一方、英米では中途採用が基本で、新卒で入社しても有期契約。当然入社式などなく、組織に貢献できなければ即クビ、となる。

先述の書き手は、まずこの違いを明示し、場合分けしたうえで論じるべきだったのではないか。

未来がわかると心強い

入社式を催すような企業に就職する人は、日本の労働力人口約6500万人の中ではごくわずかに過ぎない。彼らの幸福要因の一つは、入社時に組合から配られるモデル賃金表に表象される「予測可能性」だ。人生において、将来の地位や収入などの未来をある程度予見できる、という意味である。

雇用を保障され、30年ローンで家を買い、あとはひたすら会社のために滅私奉公するサラリーマン。安心感という、お金以上に大切な幸福要素に支えられた彼らこそ、高度成長期の日本の強さ、すなわち「集団結束力」の象徴だった。

日本人は、予測可能性をある程度保障されると、集団として恐るべきパワーを発揮できる民族だ。だからこそ、それを恐れた進駐軍は、テレビドラマ等を通じて個人主義浸透のための刷り込みを行って、日本人の集団弱体化を目論《もくろ》みたのであろう。

予測可能性を失うことの恐ろしさを、ユダヤ人強制収容所を生き延びたフランクルは名著『夜と霧』のなかで、「実存的虚無」という概念で考察している。

「人は、飢えや過酷な労働で必ずしも死ぬわけではない。真っ先に命を絶つのは、将来への展望を失った人たちだ」（ヴィクトール・E・フランクル『夜と霧【新版】』池田香代子・訳　みすず書房）

人間は、期待と失望の繰り返しの中では生きられない。自殺する若者が日本で減らないのも、彼らが大企業とその下請けから構成される終身雇用制の枠からはみ出し、期待と失望のシーソーゲームの中で、実存的虚無に陥っているのが理由の一つなのかもしれない。

だからこそ入社式は大切なのだ。

「君たちは晴れてこの組織の一員となった。定年までこの会社で頑張ってもらう。だから安心して人生計画を立てていい。その代わり、一生懸命、組織の一員として貢献していただく」という、決して文章化されない契約をむすぶ儀式が入社式である。従業員の幸福度を潜在意識下で高めるには、労使双方にとってきわめて重要な行事なのだ。

ただし、この国の会社数の99%を占める中小企業では、入社式を行わない会社が大半であろう。大企業でさえ終身雇用制度が維持できなくなっている会社も少なくない。

とはいえ、冒頭の引用元にあったように「仕事なんて労働力とカネの交換に過ぎない」と割り切って働く人々は、この国では少数派である。

興味深いことに、長期的雇用が保障されていなくても、日本の中小企業に勤める人たちは、「実存的虚無」に陥らず、集団の一員として一生懸命に働く。これはまぎれもなく、日本人のもつ強みである。


本書では、このような形で健全なる猜疑心《さいぎしん》をもって「ニッポン神話」にまとわりついた偽のヴェールを剥がしていきたい。

わたしの狙いは、一見すると毒に見えない毒をあぶり出し、「無毒化」していくことにある。玉石混淆《ぎょくせきこんこう》の情報があふれる時代だからこそ、真贋《しんがん》を見極めるものさしを少しでもご紹介できたら、これに勝る喜びはない。

02

3Kを避ける本当の意味

メキシコ南東部、カリブ海に面した近代的リゾート都市カンクン。80年代に初めてこの町を訪れて以来、久々の訪問だが、当時と変わらないのは海の色ぐらいだろう。

この間に著しい経済発展を遂げたメキシコだが、依然として経済格差は改善されておらず、多数の出稼ぎ労働者が国境を越えて米国に渡っていく。

米国は巧みな移民政策の使い手だ。出生率は日本を大きく上回り、少子高齢化問題とうまく向き合っている。労働市場は明確に棲み分けられており、いわゆる3K（きつい、汚い、危険）の仕事は、中南米出身者を中心とした移民が担っている。

在米メキシコ人労働者の本国送金額は、世界銀行などによれば毎年2兆円を超えるという。日本から中国への中国人労働者の送金額の5倍以上である。

そこで、本稿では「3Kの仕事を避ける若者が嘆かわしい」という主張に焦点をあててみたい。

人手不足に悩むゼンショーHD社長が「日本人はだんだん3Kの仕事をやりたがらなくなっている」と呟《つぶや》き、物議を醸《かも》したのは記憶に新しい。傘下のすき家では、当時アルバイト不足で休業に追い込まれた店舗が相次いだという。

人手不足の問題は、今や飲食、小売り、建設現場に留まらない。製造現場にも拡大し、企業は高騰する賃金や人材定着率等の問題を解消するべく、パート従業員の正社員化など、労働力確保に躍起になっている。

上記社長の主張は誤りなのか？　……間違ってはいない。ただし、より正確にいえば、3Kを避けるのは日本人だけではない。先進国の若者には、おおむね当てはまる「現象」である。

以下、この点にまつわる幾つかの現象を俯瞰しつつ、現象の山の陰でこちらに向かって不敵な笑みを浮かべている「問題」を探り出してみたい。

画一性 vs. 多様性

国が豊かになると、利便性の高い製品やサービスが社会に普及していく。24時間営業のコンビニ、宅配便、スマホなどに象徴される物質的な豊かさは、一面的には、人々の幸福度を上げ、ストレスを減らす効果がある。だが、人は易《やす》きに流れる。

豊かな社会は、確かに既存のストレス要素を減少させるが、同時に人々の寛容さやストレス耐性を弱めてしまう。しかも、複雑化する社会は、新たなストレス要素を生み出し、人々の精神的幸福度を下げてしまう側面もある。

依存と堕落は表裏一体。豊かさや利便性の奴隷となりがちな成熟国の人間にとって、3Kの仕事は敬遠されがちだ。ただし、それは社会の発展に伴う自然の成り行きであって、善悪の価値観を持ち込む必要はない。

本当のところ、なにが「問題」なのだろう。

『三丁目の夕日』に象徴される、成長期の社会の幸せの本質は、たぶん「今日より明日がよくなる」という人々の希望だったと思う。しかし、成熟社会ではそれが望めない。望めないとすれば、価値観自体を変容させる必要がある。

大切なのは、「多様な価値観に対する社会の寛容度」だ。

日本は、もはや高度成長期の国ではない。経済も人口も右上がりの成長は望めない。なのに、いまだに当時の価値観に縛られているように見えるのは、わたしだけだろうか。「誰もが頑張って、良い学校を出て、良い会社に入って、良い家族をつくり、良い老後を迎えられるような、良い人生を送るべきだ」という一元的価値観。

何事にも完璧はありえない。完璧な国もなければ、完璧な民族も、完璧な人間もいない。頑張れる人は頑張ればいい。頑張れない人は頑張らなくていい。

「良い人生」の定義は人それぞれなのだから。


3Kの仕事を「頑張れない」「我慢できない」若者が増えてきたことを、「日本人の退廃」と結論づける必要はない。むしろ成熟期を迎えた「大人の国」のごくごく自然な姿なのだから。それよりも、多様な価値観との共鳴・共生・共創を前提に、日本をどんな国にしていきたいかを「大人が真剣に話し合うきっかけ」と考え、できることから始めてみるべきではないだろうか。

03

人間の本質は遊びである

4月初めの欧州は、イースター休暇で時がゆっくりと流れていく。そんな中、「1泊2日が基本の日本の国内旅行。欧米では聞いたことがない」というWeb記事の見出しが目に飛び込んできた。書き手は博覧強記の論客で、決して「ではの守」ではない。挑発的なタイトルは、おそらく確信犯的にプチ炎上マーケティングを狙った編集者の発案だろう。

最近のアメリカでは長期休暇をとる人は多くないようだが、確かに欧州では数週間バカンスをとる人が大半だ。ただ、「余計なお世話。外国文化を押しつけるな」的なコメントが多く書き込まれ、著者の真意が伝わっていない印象を受けた。

実際、日本では休まない人が多いようだが、本来、休む休まないは、各々の裁量で個人が自由に決めればよいことだろう。それでも休まない国民を政府が休ませようとしているのか、日本の祝日総数15日は、平均10日前後の欧州諸国よりも多く、世界第3位に数えられるそうだ。

もちろん、欧州諸国の法定年次有給休暇日数は少なくない。おそらく平均すると20日以上で、イタリアなど南欧諸国はもっと長い。一方、日本では最低10日だが、一般的なサラリーマンは勤続年数によっては20日ほどの有給の権利をもっているはずなので、欧州とそれほど変わらない。確実に違うのは、消化率の差だ。この違いは何に起因するのだろう。

絶対神としての「世間様」

まず、日本には八百万の神がいて一見すると多神教の国なのだが、最上位に君臨する絶対神はさまざまな局面で日本人の行動に影響を与える。その名は「世間様」。建て前レベルでは多神教信者だが、一定の場面で変幻自在に「世間様教」という一神教信者に改宗するのが日本人――といっても過言ではなかろう。

このため、短い休みしかとらない同僚たちの前で、「世間様・他人様の目」を無視して、2週間休むのは容易ではない。これは日本人が異質なわけではなく、おそらく欧米人であっても、同様の状況下に置かれれば相当悩むはずだ。もちろん日本は変わってきているし、例外はあるだろうが、一般論でいえば、日本の黙契《もっけい》・監視社会が存続する限り、〃和を乱す変人〃以外は長期休暇などとれない。

しかも、日本人にとってあらゆる仕事は神聖なものである。たとえば、製造業の現場では、若い社員が軽々しく「ものづくり」という言葉を口にすると怒り出す技術系ベテラン社員も少なくない。ものづくりは神聖な領域なのだ。そこで求められるのは「生真面目さ」だ。当然「休まない」という予定調和を乱す者は〝不真面目〟だと烙印を押される。「休む＝頑張らない＝不真面目」という方程式に異を唱える人は、今でも多くはないだろう。

遊びは新しい秩序をうみだす

多神教であれ、一神教であれ、全能の源である神の近くにいると、人間は守られている気になり、深い安堵を覚える。だから休暇をとらなくても、みんなストレスを感じていないのかもしれない。

それでも、シラー（ドイツの歴史学者、詩人、劇作家）、ホイジンガ（オランダの歴史学者）、カイヨワ（フランスの思想家、批評家、社会学者）など、遊びと真剣に向き合ってきた欧州人たちの視点は、我々日本人にも有益な示唆を与えてくれるのではないだろうか。

「真の文化は、何らかの遊びの内容をもたずには存続してゆくことができない。それは、

文化がある種の自制と克己を前提とするものだからである」（ホイジンガ『ホモ・ルーデンス』高橋英夫・訳 中央公論新社）

「遊び」は、理性（大脳新皮質）と本能（大脳辺縁系、古代脳）を秩序立てて統合する要素として重要な役割を演じる。

「遊んでいるときにこそ、人間は真の人間である」というシラーの言葉はおそらく脳科学的にも正しく、「真面目」（理性）一辺倒では、人間という生き物の真価を発揮できない。五感を大切にした戦前の日本人は、この点に気づいていた人が少なくなかったのではなかろうか。

これだけ勤勉な人たちが支えている国、日本。人々が遊び心をもってもう少し長めの休暇をとれば、気力は充実し、独創性もアップし、技術力も生産性もさらに上がっていくのではないだろうか。そこで日本経済復活の処方《しょほう》として、「有給完全消化の義務付け」を提案したい。企業もそう公言すれば優秀な人材が殺到するはずだ。

冗談抜きにして、本気でそう思っている。日本人だって〝ホモ・ルーデンス〟（遊ぶヒト・遊民）なのだから。

04 黒白のさかい目

先日、旧労働省の高官だった方に話をうかがう機会があった。労働時間や最低賃金などの基準も不充分で、労働者の権利や女性の人権も保障されず、児童労働問題まで残っていたような時代に、戦後の新しい組織として労働省が設立されたという。

今でこそ、日本をふくむ先進国の大企業は、積極的にCSR調達監査を行い、途上国の下請け企業における児童労働などの「ブラック」問題に常日頃から目を光らせているが、確かにかつては日本にも『あゝ野麦峠』や『女工哀史』に描かれたような搾取工場が存在した。日本型新裁量労働制が法制化されつつある今、現代版の労働者搾取を警戒する論者も少なくない。だが、本当に問題の本質は法改正にあるのだろうか。

高度成長期の日本では、終身雇用・年功序列・滅私奉公の黙契社会の中で、勤め人は長時間労働と飲みニケーションを厭《いと》わず、しゃかりきになって働いた。もちろん、サービス残業もあっただろう。しかし、恒常的な人手不足のなかでは、残業手当を支払わなければ人手を確保できない。平均的に見れば、サービス残業は今よりも少なかったのではなかろうか。

集団秩序維持装置

黙契文化は現代にも脈々と受け継がれている。たとえば、就活生は目立たぬよう、リクルートスーツを〝無難な黒系〟に統一するという。スーツの色程度でも「目立つと損をする文化」であれば、皆が残業しているときに「早く帰ります」といえば、飛んで火に入る夏の虫だろう。わたしも封建的な運動部にいたことがあるので多少はわかるのだが、そんな発言は、集団秩序維持装置を即座に作動させ、またたく間に発言者を〝生贄《いけにえ》のヤギ〟(42頁・第6項参照)にしてしまう。だから、誰もそんなことは口にしない。

目立つことはご法度《はっと》だ。忍耐と根性論を振り回し、絶対服従を強いる集団。和をもって、いや、長きをもって貴しとなす、ということで、集団で長時間同じ空間を共有し、独特な〝和〟を醸成する。

裁量労働制にせよ、その拡大版にせよ、懸念されているのは、酷使、搾取、そして過労死であろうが、おそらくその前に、ストレス耐性が弱い若者たちは同調圧力に屈して精神を病み、欧米型の抗鬱剤汚染が進んでいく気がしてならない。

搾取の連鎖を断ち切ろう

一方、わたしの住むベルギーをはじめ、厳格な労働法をもつ欧州諸国では、日米と異なり、ＩＬＯの基本労働条約をすべて批准していることや労働当局による監査が頻繁なこともあり、企業が従業員に残業をさせることが構造的に難しい。このため、大企業の従業員の大半は、夕方になると、我先にと家路につく。

ただ、欧州においても、全企業数の99％は中小企業である。その多くを占める零細企業では、どこまで労働法が遵守されているかは、はなはだ疑わしい。

特に、スペインやギリシャといった労働法規制の強い国では、長期労働契約を結ぶことに企業は及び腰だ。その結果、25歳未満の求職中の若年労働者層の失業率が50％を超えている。大学を避難所にする若者も増えているが、学びも働きもしない「ニート」が20代の４分の１も占めると言われている。しかも、仕事にありつけた少数の幸運な人たちでさえ、極端に短い契約期間や低賃金など、厳しい条件のもとで働かざるをえない。日本のような無期限契約など皆無である。

労働法規制の厳格度と失業率の間にはある種の相関関係がある。現在、日本の若年労働者失業率は４％台の水準だ。諸外国と比べると、かなり健全な状態にある。日本の労務問題の真因が先述の黙契文化にあるとすると、その点を改善せずに労働法を改革していくと、その先で何が我々を待ち受けているのだろうか。欧州以上に未来に絶望し、抗鬱剤ジャンキーのような顔をした若年失業者がたむろする社会になってしまうのだろうか。

熟年世代なら誰でも知っている純愛物語『ある愛の詩』には続編がある。そこで主人公は、恋愛相手がアジアで搾取工場の経営にかかわっていると知り、きっぱりと別れる。我々大人には、若者のためにやるべきことが、まだまだ山積しているのだ。

05 新しい共同体で輝くためのヒント

日曜日の夕暮れどき、ベルギーの自宅で、所属する勉強会から出題された「シンギュラリティ」（人工知能が人間を追い越す近未来関連のお話）に関する宿題に取りかかる。人間がＡＩ（人工知能）と共存する世界をイメージするため、久々に松本零士氏の約40年前の映画『銀河鉄道９９９』を観る。

その映画はこんな場面から始まる。戦争があったのだろう。廃墟と化した大都市は機械人間に支配され、生身の人間は息を潜めてひっそりと暮らしている。そんな中、一見すると若く美しい女性が現れるのだが、実は機械人間で、年齢はおそらく２００歳を超えている――天才表現者の描く未来予想図が、驚くべき臨場感をもって見る者に迫ってくる。

映画を観た後、何冊か関連図書を斜め読みし、息抜きに日本の雑誌にも目を通す。ある女性キャスターの更迭《こうてつ》記事が目に留まる。なぜか「55歳」と書いてあるが、年齢をそこに入れる必要性が見えない。そもそも、大人の女性の年齢を日本中に向けて発信するのは、書き手として粋なこととは言えそうにない。

年齢という属性から見えるもの

日本の新聞や雑誌を見ていていつも不思議に思うのは、記事の内容や性別にかかわらず、ほとんどの記事において登場人物の年齢が書かれている点だ。個人情報管理のほうは年々厳しくなっているのに、この点だけは変わらないようだ。韓国なども日本と同様かもしれないが、少なくとも欧州においては、年齢に対する固執は見られない。

この違いはどこから来るのだろう。そもそも、年齢を気にする人が欧州にはあまりいないのか。もちろん、年齢に触れる記事もある。だが、それは年齢を明記することで、読者にある種の驚きや同情・共感、その他の強い感情が生まれる可能性が高いときか、エイジング関連の話に限られている。日常生活でも相手の年齢を聞くことは滅多にない。

年齢に興味があろうがなかろうが、正直なところどちらでもよいのだが、同年齢に100万人以上の人間がいるなか、日本の人たちは年齢という属性から一体何を確認しようとしているのだろう。少なくともわたしには、先の記事のなかの「55歳の女性」という情報に価値があるとはどうしても思えなかった。

ひょっとすると、多くの日本の人たちは、年齢という要素から、深層心理レベルで瞬時に何らかの脳内分析をしているのかもしれない。

わたしのように人生後半を生きる中年の場合、もはや年齢などマイナス要素に過ぎず、何の興味も湧かないが、年齢情報を遮断すると心もとなくなる人が一定数いるのだろう。

もちろん、欧米でも親しくなれば年齢を聞くことはあるが、それは親近感の表れに過ぎない。おそらく日本にも、親近感から相手の年齢を確認したい人もいるだろうが、対人関係における自分の立ち位置や、特定集団内での序列を確認する手段として年齢を確認する人も少なくないはずだ。

個と向き合う新しい関係性を

だが、母集団自体が大きく変質しているのだ。人口減少問題を抱える日本では、好むと好まざるとにかかわらず、外国人移民の受け入れは不可避であり、内なる国際化は急速に進んでいく。

一方で、ＡＩが人間を超えるのはもはや確実視されており、遅かれ早かれ、多くの仕事は機械に代替されていく。その結果、年齢不詳の外国人のみならず、そもそも年齢を超越した人型スマートロボットも増えていくことだろう。

年齢という枠組みに囚《とら》われない新たな参加者を含む新たな共同体のなかで、我々は新たな立ち位置の確認方法や、差別化の手段を編み出す必要に迫られている。

そこで大切なことは何か。それは、人間と向き合うことにほかならない。人間とは何か、生きるとは何か、自分の人生とは何か、そもそも自分とは何者なのか。そういったことについて真剣に考えてみることが、個の色をより鮮やかなものにし、新しい共同体のなかで新しい関係性を築いていく原動力となる。

もはや、年齢のような曖昧な属性から恣《し》意《い》的な判断をして、根拠のない安堵や不安を覚える必要はなくなる。個について真剣に考え続ける人が、より豊かな人生を送れる時代が間近に迫っている。

06 「お疲れ様」は疲れてるの？

長いこと海外に住んでいると、日本で暮らしていたときには気づかなかった日本の横顔が見えてくる。時折、まるで航空写真のように地上からは決して見えなかった景観がリアリティをもって迫ってくる。母国の物理的喪失と引き換えに、和僑《わきょう》が手に入れる「観」なのだろうか。

少し前のことだが、あるご縁で訪れた高校で不思議な光景を目にした。下級生が上級生と廊下ですれ違うときに、「おはようございます」や「こんにちは」ではなく、誰もが必ず「お疲れ様です」と言うのだ。部活の上下関係かと思いきや、全校生徒に浸透している〝習慣〟だという。

教員の人たちは一度もそんな指示をした覚えがないそうで、自然発生的に慣習化した挨拶のようだった。

タテ社会の力学を肌で覚えさせるには理想的な環境かもしれないが、元気いっぱいの高校生男女の口から当たり前のように発せられるサラリーマン用語、「お疲れ様」にわたしは表現しがたい違和感を覚えた。

「忙」と「忘」で「心を亡くす」

「あなた様」「先様」「上様」よりも上座にでーんと座っている〝お疲れ様〟は、ある種の神様といってもいいだろう。世間様という共同体のなかでは「忙しくて疲れている」ことは当然であり、且つ良いことなのだろう。

とにかく、お互い苦労をねぎらって共感しあえる空気をつくってくれる、予定調和の守護神「お疲れ様」。

なかには、いつも口癖が「忙しくて」という多忙自慢の人も見受けられるが、歴史を遡《さかのぼ》ると、江戸時代の江戸っ子たちは「忙しい」という言葉を決して口にすることがなかったという。

「忙」という文字は「心を亡くす」と書き、江戸っ子たちから忌《い》み嫌われたそうな。言霊《ことだま》である。ネガティブなことを口にすると縁起が悪い。粋じゃない。野暮だ。このことを「忘」

れてしまった我々現代人は、やはり「心を亡くし」ているのだろうか……。

ちなみに、わたしが長年暮らしているヨーロッパでも、江戸っ子同様、人々は多忙自慢をしない。

それどころか、バカンスのために働いているような人たちが半数以上を占める〝ゆるい社会〟では「忙しすぎてバカンスをとれない」と口にするほうがはばかられる。

ビジネスにおいても、「スモール・トーク」と呼ばれる本題に入る前の雑談では、休暇の話でよく盛り上がる。誰かがエキゾティックな場所に行くと皆が興味津々になり、その人は質問攻めにあう。

善し悪しは別として、休暇の話題で盛り上げようとすると相手にマイナスの印象をあたえる可能性が高い日本のビジネス環境とは対照的だ。

日本の場合、たとえ休暇の話が許されるとしても、滞在先は軽井沢やハワイなど、予定調和的にデフォルト設定されている場所に限定される。多くの人の思考のソトにあるような場所、たとえば「イースター島に行ってきた」と言っても、それは共同体の調和・秩序を乱す話題であり、黙殺・スルーされる可能性が高い。

栄養ドリンクの陰にも潜む神

ところで、「日本的忙しさ」の象徴といえば、「ユンケル」をはじめとする栄養補助ドリンクや「ヘパリーゼ」「ウコンの力」などの二日酔い予防ドリンクが挙げられよう。欧米にもエナジー・ドリンクと呼ばれる、栄養補助飲料的なものはあるが、「多忙な社会人」をイメージさせるものではない。

その筆頭格のレッドブルは、タイや日本をはじめとするアジア諸国でのスタミナ・ドリンク人気を知ったオーストリア人が欧米人相手にはじめた商売だ。そのターゲットとなる顧客セグメントは主に若者やスポーツマンである。今や世界160ヵ国以上で販売されているそうだ。

エナジー・ドリンクに対する欧州の反応は各国さまざまで、一部で過剰カフェイン・糖分などの問題が指摘されているなか、青少年への健康被害リスクを理由に禁止・制限方向に向かっている国もあるようだ。サラリーマンやOLなどが主要購買層である日本とは大きく趣が異なる。

もちろん、「肝臓にやさしい」という二日酔い予防飲料や医薬品が会社員の必需品と化している国は欧米には見当たらない。そんな薬まがいのものを飲んでまで、お酒を大量に飲む必要がある欧米人を見つけるのは至難の業である。

この現象の背後に潜んでいるのも「お疲れ様」の存在である。ユンケルやヘパリーゼのボトルを見かけるたびに、共同体の秩序を守る世間様教の神、「お疲れ様」のご尊顔が見え隠れする。


実は、「お疲れ様」「やっぱり」「フツー」などのコトバは共同体の合言葉なのだ。共同体では事実や実態、あるいは「自分自身がどう思うか」ではなく、「共同体の掟・慣習・不文律に照らしてどう判断されるか」という点が何よりも大切だ。

その結果、「〝やっぱり〟日本人は休まず働くから素晴らしい。皆疲れているのが〝フツー〟。だから、お互い〝お疲れ様〟と声をかけあって労わろうよ」となる。

そこに「僕はたっぷりバカンスをとっていて疲れてないよ、あぁ楽しかったな」などとのたまう、共同体秩序を乱す〝フツー〟じゃない者が現れると「お疲れ様」は「やっぱり、あいつはおかしい」と瞬時に集団コンセンサスをまとめあげ、またたく間にその人間を〝生贄のヤギ〟にしてしまう。

そう、「お疲れ様」には集団秩序維持装置・空気清浄機的機能もあるのだ（詳しくは、30頁・第4項「黒白のさかい目」ならびに68頁・第12項「異端者の色は何色」をご参照ください）。

若い頃は、悪気はまったくないのに「夏休みはいかがでしたか?」とお客さまにうっかり聞いてしまいバツの悪い思いを何度も重ねた和僑のわたしも、いつしか「ビジネスで休暇についてオープンに話すことはご法度」「メールの書き出しは〝お疲れ様です〟が無難」という共同体の掟を学んでいった。

ただ、いまだに疑問に思うことが一つある……。

「お疲れ様、お疲れ様」と、来る日も来る日もお名前を連呼する我々日本人のことを、ご本人はどう思われているのだろう。鬱陶しく思わないのだろうか。

さすがの「お疲れ様」も、そろそろお疲れではないだろうか。

07 忖度《そんたく》と国語教育の根深い関係

「もしも一度だけ過去に戻れるとしたら、いつの自分にどんなアドバイスをしますか?」

フィギュアスケートの浅田真央選手の引退記者会見の席で、男性記者がこんな質問をした。

浅田選手は「過去に戻ることはないので、答えは出てこないです」と冷静に一蹴したが、その記者はいったい何の目的であのような質問をしたのだろう。

そんなことを考えていたら、昔よく日本の学校の国語のテストで出題された「この時、著者はどう感じていたでしょうか? 次の4つの答えの中から正しいものを選びなさい」という設問パターンを思い出した。

そうだ、浅田選手は4択テストを課されていたのだ。「著者」は一般大衆。おそらく、「出題者」である記者の目には、この回答は「不正解」と映ったはずだ。

和を乱す者は悪

現在ではどうか知らないが、少なくともわたしが日本の学生だったころの国語教育では、「作者はどう感じていたでしょうか?」という質問が非常に多かった。よく言えば、感性を大事にする情緒的右脳重視教育と説明できるかもしれないが、いま振り返ると、あれは「忖度」を練習する機会だったのではないかと思えてならない。

真意など、作者に聞いてみなければわかるはずがない。なのに、作者でもない出題者が、物知り顔で集団内の最大公約数的な選択肢を〝正解〟とし、それ以外の少数意見を「不正解」とする。意見は一致が原則で、異見はいかん、というわけだ。

たとえその著者が4択のなかに1つも本当の答えを見出せなくても、つまり全部不正解であったとしても、それはさして重要性をもたない。真実がどうかではない。本人がどう思うかでもない。大切なのは「集団の大半の人たちがどう感じるか」なのであろう。

善し悪しは別として、「皆が感じること=〝正解〟」という不文律を、日本では小さいときから徹底的に叩き込まれる。「和をもって貴しとなす」=「異見はいかん。和を乱す者は悪」という解釈が正解で、聖徳太子の真意などもはや人々の関心事ではない。

それが日本社会の一面であり、それを冷静に受け止めた上で、論考を進めていきたい。

非常識さえ正当化してしまう同調強要質問

もう少し実例を見てみよう。冒頭で触れた浅田選手の引退記者会見では、「トリプルアクセルに声をかけるとしたら、どんなことを言いますか?」などという、国際的には「幼稚」ととられかねない擬人法を用いた質問もあった。

過度に情緒的な質問だが、これも質問者の頭の中にあらかじめ大まかな答えがあって、浅田選手にそれを忖度せよ、と無言の圧力をかけていた、と言ったら言い過ぎだろうか。

コミュニケーション能力に長けた浅田選手は若干白けながらも「もっと簡単に跳ばせてですかね」と、当たり障りなく答えていた(注:ちなみに、この「当たり障りない答え」という言い回しも、共同体の臭いがぷんぷんする表現といえるのではないだろうか)。

百歩譲ってその程度ならまだ許せるが、「情緒的かつ同調誘導的質問」に関して、こんなケースもあった。わたしが長年お世話になっている、ある企業経営者の過去の記者会見の様子を視聴したときのこと。それはある不可抗力で従業員が亡くなった事故についての会見だったが、「亡くなった従業員の方は、事故に遭った瞬間にどう感じたと思いますか?」と記者は質問したのだ。

日本の伝統的美徳である「惻隠《そくいん》の情」をその記者は知らなかったのだろうか……。いつも論旨明快なその方も、さすがにその時は絶句していた。記者はそんなことを聞いて何を知りたいというのか。その経営者が従業員の人たちのことを誰よりも大切に思っていたことを知っていたわたしは、著しく不快な気分になり動画を消した。

だが、冷静になって考えてみると、あれも同調誘導（いや、同調強要）だった気がする。あの記者はおそらく4択国語テストの出題者のような気持ちで、視聴者受けの良い（おそらくは視聴者がジーンとくるお涙ちょうだい的な）、何らかの予定調和的な答えを引き出そうとしていたのだろう。

〝毒抜き〟はどないした？

さて、ここまでの論調だと、読者の皆さんはわたしが日本をこき下ろし、「アメリカでは」「イギリスでは」などと欧米礼賛する「出羽の守」に成り下がってしまったかと思われるかもしれない。

だが、そうではない。日本の政財界でよく見聞される「忖度」という行為が、上述の悪しき慣習に起因するという点を述べているに過ぎない。そして、本書のテーマである「ニッポン神話の毒抜き」については、ここから始めさせていただく。

まず、自らは具体的に何も口にしない権力者や上司の気持ちを周囲が「忖度」する行為は、決して日本固有のものではなく「欧米にもある」点を指摘したい。つまり、「忖度などしてるから日本は駄目なんだ」的な自嘲的論調は必ずしも正しくない、と言いたい。

確かに、日本の人たちは、質問するときにやたらと情緒的な言葉（たとえば「想い」「感じる」等）を使う傾向が強い点は独特だ。

これに対し（総論レベルの）欧米社会では、善し悪しは別として、子供のころから左脳重視型教育を受け、言語中枢をフル稼働させて議論や説得を行う訓練を積んでいる人が多く、いろいろな点で情緒重視文化の対極にあるとは言えよう。

欧米にもある忖度

ただし、権力者や直属の上司が持つ権力は、日本以上に強いことが多く、彼らのニーズや希望をうまく「忖度」する能力は、組織の階段をのぼり、権力の司祭を目指す者にとって不可欠な能力といっても過言ではなかろう。

組織文化や社風によっても異なるものの、会議等において事前の根回しをせずに、やたらめったら異見を述べて空気を乱す（ロック・ザ・ボート）のは得策ではない。それどころか本当のところＣＬＭ（キャリア・リミティング・ムーブ＝キャリアに大きなマイナスとなる行為）になることさえ少なくない。

もちろん、先述の４択国語テストのように、なにごとも予定調和的に動くことを常に集団から期待されるわけではない。それに、集団の中で異見を述べることが容認される局面は、日本よりはるかに多い。また、忖度能力が重要なのは組織で上を目指す、社会全体ではごく少数の人たちで、日本のように子供を含め社会全体で空気を読み共同体が「正解」だという答えを口にするプレッシャーは小さいと言えるだろう。

それでも、忖度が日本固有というのは明らかに「神話」であり、忖度能力が重要な資質である点は日本と同じだ。だからと言って、忖度ができれば国際社会で通用するわけではない。好むと好まざるとに関わらず、これから加速度的にグローバル化のうねりに飲み込まれていく日本において、あまりに情緒的なコミュニケーションはプラスにはなり難い。「物言えば唇寒し」とダンマリを決め込み、忖度の技術を極めるだけでは、直球勝負が必要な局面では通用しない。欧米型の左脳型・論理的コミュニケーション能力も磨き、二刀流をマスターしておくと、さまざまな場面で応用が効き、人生がより豊かなものになっていくのではないだろうか。

第2章
グローバル化のうねりと日本人

08 冷静と情熱のあいだのノマド

地中海に浮かぶカトリックの島国、マルタ共和国。わたしは今、アラブの香りただよう首都バレッタのバーで本稿を書いている。

国際政治が好きな人は冷戦終結を決めたマルタ会談を、犬好きな人はマルチーズを思い浮かべることだろう。9世紀から250年もの間、イスラム帝国の支配下にあったマルタでは、今でもイスラム文化の影響が街のいたる所に見受けられる。

ただし、アラブの香りといっても、この国には湾岸諸国のような砂漠はなく、ノマド（遊牧民）もいない。同じく砂漠のない日本には、なぜかノマドがいるようだが……。

日本語の「ノマド」という言葉の定義は曖昧だ。ちょっと調べてみたが、明確な定義は見当らなかった。ただ、安藤美冬という人がその派生語と思しき「サテライト」を「住む場所も仕事も自分に合わせて、居たい所に居る。自由だけど、流されない覚悟の働き方」

と定義づけている。

だが、そんな良いとこ取りを、日本社会は簡単に許してくれるのだろうか。

ホンモノの遊牧民の生活は、過酷な世界だ。茹《う》だるような暑さの中で、時には飲まず食わずで、ひたすら歩き続けなければならない。日本のようにコンビニや宅配など、世界最高レベルのサービスを誰もが受けられる国で起業するのとは比較にもならない。

とはいえ、日本における自営業も、決して甘い世界ではない。精神的自立と自律がきちっとできて、揺るぎない自信と誇りがなければ、干上《ひあ》がってしまう点では変わらない。

自由は幸福か

そうした資質が本当に自分に備わっているのか、と自問し、イエスと言い切れない大多数の人たちは、むしろ日本のサラリーマンの素晴らしさを再確認すべきであろう。

そもそも勤め人の職がこれほどある国は、世界でも数少ない。課題は会社が与えてくれて、責任も100%負わなくてすむ。給与も毎月確実に入る。

一方、自由になると、規則で縛られることはなくなる。上司からの指示も皆無だ。けれども、毎日何をすべきか自ら考え、あまたある現象の中から、本質的な問題を見極め、その解を導かねばならない。しかも、その判断を誤った場合のリスクはすべて自分が負うことになる。これが「自由」の本質的な意味だ。

その意味で、ノマドは「格好いい」とは対極にある。自分に相当厳しくないとつとまらない世界なのだ。安藤氏はそれができるごく少数の人なのだろうが、前述の発言は大衆向けとは言い難い。

世界的にみると、日本の自営業者は恵まれている。日本語の厚い壁に守られているからだ。

これがマルタのような英語圏になると、いきなり世界が相手になる。oDeskのような個人事業主向けのビジネスマッチングサイトに依頼をかけると、世界中の「ノマド」が応札《おうさつ》してくる。日本でも一部の個人事業主は、煩雑《はんざつ》な工程をそうやって世界に発注している。

グローバル競争の荒波

数年前、日本の語学学校経営者から「国内で頼むと高いので、翻訳を外注している」と目の前でマッチングサイトを見せてもらったときは、日本で浸透するにはまだまだ時間がかかる気がしたのだが、つい先日会食した日本の写真家も、現像工程の一部を同じサイトで発注しているという。

日本版ノマドの世界にも、グローバル競争の荒波が押し寄せていることを思い知らされた。

好むと好まざるとにかかわらず、日本のノマドは、これからますます厳しい戦いを強いられていく。途上国の優秀な業者は吃驚《びっくり》するような値段で仕事を請け負う。そうした価格競争の中で、質を落とさず勝てるのか。

情報化とグローバル化の深化に加え、労働作業の代替手段として社会に浸透してくるAI登載ロボットと戦わねばならない局面も想定されよう。

それでもノマドを目指す人はどうすればいいのか。

前述の自立と自律について自信がもてるのであれば、是非とも暗闇のジャンプをしてほしい。周囲や世間様の声、あるいは「ノマド」の曖昧な定義に惑わされず、「自分の命《めい》は何か」という問いの答えを知っていれば、きっと成功する。たとえ失敗しても、そこから学ぶことはたくさんあるのだから。

09

内と外のシーソーゲーム

古代ギリシャ時代に遡るといわれる嘆き文句「今の若者は」。最近、この枕詞のついた「内向き志向」という言葉をよく耳にする。

超円安基調だった高度成長期には、格安航空券もインターネットもなく、旅行にせよ、留学にせよ、普通の人にとって海外は身近な存在ではなかった。だからこそ、「非現実の世界」である海の外に憧れた人が多かったのであろう。外国との距離が格段に縮まった今、日本の若者は海外への憧れをなくして「内向き」になってしまったのだろうか。

まず、つながりを生む「移動」について考えてみよう。人類史とは、ある意味で「快適さ」を求めて移住を繰り返してきた歴史とも言い換えられよう。移住の結果、新たなつながりが生まれ、時には衝突も起きたが、移動の過程で生じるつながりの連鎖が文明の発展につながっていった。逆にいうと、最初から快適な地に定住していたら、人類の文明はこれほど発展しえなかったのではなかろうか。

この点、今の日本はどうだろう。以前と比べて生活環境は圧倒的に快適になっている。特に東京の文化レベルは、世界的にみても突出しており、「より良いもの」を求めるという目的であれば、海外に行かなくても足りてしまうのかもしれない。

「海外」というハードル

次に「海外」の定義だが、わたしのように欧州に長く暮らしていると、「海外」という概念が揺らいでくる。

車で数時間走ると、すぐに国境をまたいでしまう。町で見かけるのは、多国籍の血が混ざっている人たちばかりで、本当のところ自分が何人《なにじん》なのか誰もわかっていない。物理的に遠い国にも普通に親戚や友人がいる。そんな環境で育てば、海外に対する心理的ハードルなど高くなるはずがない。日常の延長線上に外国は存在しているのだから。この点、〝単一民族〟の島国で生まれ育った日本人の心理的ハードルが高いのは当たり前だ。

論考の切り口は「日本と外国」という物理的なものだけではない。コミュニケーションの形に着目した「バーチャルvs.リアル」という切り口もある。黒電話世代と違って携帯・

ＳＮＳネイティブたちは、対話をメールやＬＩＮＥで済ませがちで、飲みニケーションなど、人と人とのナマの付き合いが苦手な人が多いと言われている。このように、「日本の若者は内向きだ」と結論づける材料は揃っているようにも見える。

「グローバル化」とは何か

それでも、わたしは日本の若者が内向きだとは思っていない。内向きの反対は「外向き」。世間的解釈では、「外」での言語は英語であり、「まずは英語を学べ」と解釈されることが多い。だが、本当のところ、英語を話せても、実際には出発点にさえ立っていないことが多い。

どんなに世界が「グローバル化」しても、文化や個人ごとの違いは絶対的存在として横たわり、決してなくならない。それを冷静に見つめ、寛容な気持ちで相手と接し、起こりうる摩擦を最小化する。その過程で、できうる限り最大公約数を見出して共感を醸成《じょうせい》し、自ら立てた目的を遂行できる人。そういう人たちを一人でも多く生み出せるような社会変革のうねり。本質的には、これを「グローバル化」と呼ぶべきではないだろうか。

そんな「うねり」の息吹を、日本を訪れるたびに、わたしは感じている。

先日、関東のある高校で講義をしてきたのだが、活字メディアの情報を信じていたわたしは、スマホの小さな待ち受け画面に彼らの世界観が凝縮されていると思っていた。だが、女子を中心とした意欲ある生徒からグローバル化への期待と気合がひしひしと伝わってきて感心した。

しかも、アジア圏に興味のある生徒も少なくなかった。実際、政府統計を見ると、英語圏への留学者数は減っているが、アジアへの留学者数は増えている。日本の若者は、世界の中心がアジアにシフトしていることに敏感に反応しているのではないだろうか。

若者は日本の未来だ。さまざまな問題は山積しているが、ポジティブであり続けたい。

10 おのれを空《むな》しく

「年の瀬にはジブチとトルクメニスタンを踏破してきました。これで164ヵ国ですが、残るはエボラ熱、誘拐、戦乱の国ばかりで、そろそろ限界かもしれません」

年始にメンター（師匠）のK先生からこんなお便りをいただいた。古希を過ぎた今も、現役バリバリの弁護士で、休みには世界中を旅する兵《つわもの》。世界には197ヵ国あるそうなので、すでに80％以上を制覇したことになる。わたしはまだその半分しか訪れていない。

異文化ウォッチングを長年続けてきた者として、よく「外国人と仲良くなる方法」について聞かれる。

初《しょ》っ端《ぱな》から本質論で恐縮だが、そもそも〝外国人〟とは何か？　それは、「はじめに」で述べたように日本以外の196ヵ国に暮らす人々のことである。共通項は「同じ人間」ぐらいしか見当たらない。各国固有の文化的、民族的、宗教的な差異がある以上、一緒くたにしてみても、196国籍の人たちと仲良くなる方法が一筋縄であるはずがない。

ただし、多くの日本人にとって〝外国人〟という言葉の意味するところは、今でも鹿鳴館時代に遡る「西洋人」、つまりアメリカ人を中心とした欧米の白人である。もちろん、日本でもアジアの人々が増えてきているが、過半数の日本人にとっては「欧米の白人さんとお話しすることが英語を学ぶ目的」といっても過言ではなかろう。

世界経済の中心が欧米からアジアに急速にシフトしているなか、まずはこの考えかたから改めていくことこそ、「外国人と仲良くなる」第一歩といえるのではなかろうか。

EU域内でも大切な異文化感受性

オランダの誇る異文化論の権威、ヘールト・ホフステードによると、文化とは、根底に潜《ひそ》む「目に見えない価値観」と、表層にある「慣習」から成り立っているという。彼は、仕事に関して人々が持つ価値観を「権力格差」などいくつかの観点から分類しており、その理論は異文化感受性を重視するグローバル企業でも有益な指針として用いられている。

異文化感受性は、人々が自由に移動できるEU域内であっても重要だ。わたしの住むベルギーと隣国オランダを例にとると、この両国の国民は、言語も近く表面的にはよく似ている。しかしホフステードは「権力格差」の点から、両者は正反対の価値観を持っているという。彼によると、オランダ人は組織内の不平等を嫌うが、ベルギー人はそうでもない、という。確かに、肩書や年齢が上であろうが、オランダ人部下に上から目線で接するとうまくいかないことが多く、逆にベルギー人部下には、もちろん例外はあるが、ある程度偉そうにふるまっても容認されることが多い。

国境を越えたM&A等が増え、日本企業も異なるバックグラウンドを持つ人々と接する局面が増えていくなか、異文化感受性を研《と》ぎ澄ましていくことこそ「外国人と仲良くなる」近道といえるかもしれない。

一昨年に傘寿《さんじゅ》を迎えたもう一人のメンターが、おもむろに古い新聞の切り抜きを見せてくれた。もうずいぶん前に94歳で亡くなった父上の記事とのこと。

「(英米人は) 相手の身になって考えるということをしない。その点、日本人は違うので、おのれを空しくして相手の身になって考えることが出来る。だから敵も本心からは憎まない。この日本人の特質が、敗戦から日本を奇跡的に立ち直らせ、今日の繁栄に導いた。いずれ日本は世界に冠たる国になるだろうと思う」(木内信胤「私の履歴書」1979年10~11月　日本経済新聞 連載)

この方の読みは見事に当たり、今や日本は「世界に冠たる国」となった。

利他の心を幼少期から身につけている人が多い日本人の強みについては、意外に認識されていないようだが、「おのれを空しくして相手の身になって考えることが出来る」人は、どこの国の人ともうまくやっていける。

11 和風ごった煮のレシピ

曇り空のブリュッセルから雪景色のモスクワに向かう機内で、一冊の古い本を読み返した。『武士道』。１００年以上も前に新渡戸稲造《にとべいなぞう》博士が英語でこの本を書くきっかけとなったのは、わたしが住む小国ベルギーにまつわる出来事だった。

「あなたのお国の学校には宗教教育はない、とおっしゃるのですか。宗教なくして、どうして道徳教育を授けるのですか?」というベルギー人法学者の質問に博士は瞬時に答えられなかったという。

だが、それは博士の心に火をつけ、一冊の本を通してその答え〈惻隠の心や仁などの価値観〉を世界に知らしめた。

国際社会を震撼させたフランスのシャルリー・エブド紙襲撃事件（２０１５年1月）。犠牲者の方々のご冥福をお祈りした上で、根底に潜む〝毒〟を炙《あぶ》り出し、毒抜き処方箋を探ってみたい。

西洋的二分性と排他性

まず、宗教の本質を考えてみよう。重要な要素の一つに「信者 vs. 異教徒」という二分性の上に成り立つ排他性が挙げられよう。人類の文明は西洋的二分性のおかげで著しい発展を遂げた。物事の一般化・概念化・抽象化、つまり科学や法律などは、すべて主客の対立から生まれている。だが、歴史が証明してきたように、その背後にあるのは限りなき分断と対立の世界である。

移民国家フランスは人種のるつぼだ。特に、人口の8％弱を占める北アフリカ系を中心としたイスラム教徒は、500万人にのぼる。その多くはパリ郊外の貧民街に住み、格差と差別とアイデンティティー・クライシスの蟻地獄の中で暮らしている。フランスに限らず、欧州全体を覆う不況と高失業率の中では、学校にも行けず、就職もできない若者の行き場のない怒りが、犯罪につながることは少なくない。無知で猪突猛進な若者を鉄砲弾《てっぽうだま》として利用するのは、老獪《ろうかい》なテロリストには容易《たやす》いことだろう。

そうした二分性の功罪を踏まえた上で、風刺と表現の自由をどう考えるべきなのだろう。風刺とは〝風のように刺す〟こと。そして言論・表現の自由は、自由権の一種で、国家による検閲を受けずに思想、良心を表明する自由を指す。権力を監視する意味合いもあり、それが制限されてしまうと民主主義は成り立たなくなるという。

あの事件の被害者の一人は、福島原発事故後に、奇形の力士の絵を描いて物議を醸した。私見では〝風刺画〟ではなく、フランスの法律で禁止されている「特定の集団や地域社会の人々の尊厳を著しく傷つける行為」に抵触しているように思える。だが、〝表現の自由〟の美名のもと容認された。一方で、あの事件のときに、酒場やSNSなどで加害者寄りの発言をした人たちは、拘留や禁錮刑を受けたという。

当局には我々には見えない理由があるのだろうが、何か釈然としないものが残る。

世界の人々に期待される日本的価値観

人口膨張や都市化など、グローバル化にともなう大変革のうねりの中で、宗教、民族、言語、文化など違うものだらけの人々が摩擦を最小化し共存していくには、二分性を超越した哲学が不可欠だ。

では日本人が二分性を超越できるのか、と問われたらどうするか。キリスト教徒の新渡戸よりさらに高い視点に立った「不二性」の守護神、鈴木大拙の哲学を引いて、以下のように議論してはいかがだろう。

――創造主と人間、主客、我他、善悪、白黒、友敵、愛憎など、一神教的な観点からすべてを二分し制した上で、解（らしきもの）を導いてきた欧米に対し、日本では伝統的に「分化」（主客の対立）が起こる前から物事の全体を捉えようとする。円融無碍《えんゆうむげ》、つまりすべてを一緒くたにして巨大な丸い鍋の中でドロドロに溶かしてしまう〝ごった煮〟の価値観をもつのが日本人だ。

敵さえも徹底的には憎まない。分極した相対の世界は、必ず争いの世界へとつながっていく。二分性中心の世界に明らかな歪《ゆがみ》が生じ、論理万能神話の限界に誰もが気づきはじめている今、それを超越し包含する力（不二性）が必要とされているのだ――。

類まれなる日本人の強み、「和風ごった煮のレシピ」。これに秘《ひそ》かに期待している人々が世界には少なくないと思っている。

12 異端者の色は何色

久しぶりにブリュッセルでゆっくりできる日があったので、忙しさにかまけて長らく会えていなかったベルギー人の旧友と食事をした。店に入ると、角のテーブルで褐色の皮膚の痩せた若者が飲んでいる。再会の挨拶が終わるやいなや、友人が興奮気味にいう。

「おい、ストロマエだぞ、知らんのか？」

帰宅してからその歌手の歌を聴いてみる。なんと暗い曲なのだろう。こんなにメランコリックな曲が、どうして欧州の10代、20代の心を掴むのだろう。ルワンダ人とベルギー人のハーフのようだが、歌詞には、共同体からはみ出た異端者の孤独や欧州社会に漂う閉塞感が顕《あらわ》れている。

日本の若者の間で人気のAKB48などの歌手と比べると、違いが顕著である。異文化の壁というものは、これほど厚いのだろうか。

以前、ミス・ユニバース日本代表にアフリカ系米国人と日本人のハーフの女性が選ばれて物議を醸した。騒動を一言でいうと、「大和《やまと》撫子《なでしこ》とは似ても似つかぬ〝ガイジン〟を日本代表に選ぶとは何ごとか」に集約される。

日米二重国籍の20歳の女性は、22歳を迎えるまでにどちらかの国籍を選ばねばならないが、報道によると「迷わず日本を選ぶ」という。おそらく幼いころから、不条理の寄木細工のなかで、異端者の苦悩と孤独を昇華させてきたのだろう。そんな人の晴れ舞台。哲学してきた人は美しい。

「出る杭」を「生贄」にしない

だが、いつものごとく自虐的な反応も少なくなかった。「日本は差別社会だ。グローバル化していない」などと短絡的かつ一方的な結論づけをしている論者がいたが、冷静に問題を見極めようではないか。

まず、人種差別は日本だけに特有なものではない。欧米にもあるし、程度の差こそあれ世界共通といえよう。そこにあるのは、本書の第11項で説明した「二分性の世界」である。ウチとソト、敵と友、美醜、善悪などなど。フランスの思想家ジラールは、異端者をスケープゴート化することで社会秩序が保たれると指摘しているが、古代から世界中で行われてきた人身御供《ひとみごくう》（供犠）は、カタチを変えながら現代まで脈々と継承されている。

生贄は、表向きは神への供物だが、集団秩序維持装置としての機能もありそうだ。その意味で、日本に限らず、人間社会においては、異質な者は集団からはじき出され、〝生贄の白羽の矢〟が立てられる可能性と共に生きていかざるをえないのだろうか。だとすると、何とも複雑な気分にさせられる。

一方で、日本にはまだ鹿鳴館メンタリティーが温存されているのか、テレビや雑誌では今でもハーフや外国人タレントが人気である。ただ、その多くの親はコーカソイドで、有色人種は稀《まれ》である。異端者〝ガイジン〟の中にも、人種ごとの厳格な序列があるようだ。先ほどの長崎県出身の女性が、白人とのハーフだったら、少しは反応が違っていたのだろうか。

多様性を受容する姿勢

多様性（ダイバーシティ）というと、女性の登用にばかり焦点があてられるが、ジェンダー以外にも、人種（特に白人以外の外国人）やＬＧＢＴあるいは年齢・学歴の壁を越えることなど、まさしく多様な意味がある。

先述のように、共同体の排除・浄化作用が働くため、言うは易しではあるが、目まぐるしく世界が変わっていくなかで不可欠なのは、カメレオンのように環境変化にあわせて変わり続けていく姿勢であろう。ダーウィン進化論は文化にもあてはまるのだ。

同調圧力のような構造的阻害要因を乗り越えて、多数の「出る杭」を受容する文化を作りださない限り、今世紀半ばまでに、日本社会は相当厳しい状況に置かれる蓋然性《がいぜんせい》が高い。

大切なことは、違いに対して寛容の気持ちをもって接する姿勢だ。そういう姿勢をもつ人々が暮らす国は、今後ますます世界が複雑化していくなかで、輝きを失わずに栄えていくだろう。何度も言うが、「和風ごった煮のレシピ」を熟知した日本の人たちは、本来は、欧米人よりも多様性受容をずっとうまくやっていける力をもっているのだから。

13

「帰国子女」は傷ついている

受験で英語を一生懸命勉強した。
英単語をたくさん覚えて、英検に受かった。TOEICの点が上がった。
なのに、うまく自分の意思が伝えられない。
仕事でも思うように英語が使いこなせない。
外国人の前にでると場がもたない。
凍りついたように緊張してしまい、愛想笑いを浮かべるだけの自分がそこにいる。
結局、留学や駐在でもしなければ、英語は上手くならないのではないだろうか？

――そんな壁を感じている人の目には、流暢な英語やその他の外国語を使って、物怖じせずに外国人と渡り合う帰国子女の人たちは、眩いばかりの光を放つ〝恰好イイ存在〟に映るかもしれない。

だが、本当にそうなのだろうか？

初っ端から「ニッポン神話」のヴェールを剥がしてしまおう。実は、帰国子女と呼ばれる人たちは、意識・無意識にかかわらず、何らかの理由で、とても傷ついていることが多い。

周りの都合に翻弄《ほんろう》されてきた人たち

あえて考えてみればわかるのだが（そして、多くの人はこの〝あえて〟をわざわざやらない。いや、やってあげる余裕がない）、帰国子女と呼ばれる人たちの多くは、主にサラリーマンの親の勤め先の都合で自分の運命が翻弄されてきた人たちだ。留学のように自らの意志で選択して海外生活をしてきた人たちではない。

一度ならまだいい。だが、海外生活の後に日本へ戻り、せっかく友達ができた矢先にまた海外に行って、ゼロから新しい人間関係を構築せざるをえなくなる人たちも少なくない。

それまで慣れ親しんだ母国の環境からまったく違う異国の世界にぶち込まれ、また新たな人間関係のしがらみの中に入っていくわけだ。

人によっては、それを何度も繰り返す。異文化ストレス耐性や対人関係構築能力は人により異なるものの、たいてい大きなストレスと苦しみを抱えながら受容性を高めていくしか他に術がない。

受難の日々

赤ん坊のときから外国語環境の中にいるならまだしも、物心ついてからの海外生活では、チンプンカンプンな言葉を毎日のように聞かされるわけだから、普通の感覚なら気が狂いそうになるはずだ。言葉の壁だけではない。食生活も含め、生活習慣も国によって大きく異なる。

しかも、そういう地獄の苦しみ以上に苦しいことがある。そういう経験をして、心が折れそうになりながら正反合を重ね、ようやく外国人と曲がりなりにも渡り合えるようになったのに、そういう苦労を誰一人察してくれないことだ。

そもそも子供は残酷だ。現地では、自分たちと顔形が違う子を好意的に迎えてくれる子は少ない。差別的なイジメにあうことも少なくないだろうし、特に最近では中国のグローバル化により、日本人を含めアジア人は総じて「中国人」と一緒くたにされ、人種差別的な扱いを受けるケースも増えてきているようだ。

本書で何度も書いてきたように、人間には異質なものをいじめ、排除することで共同体の秩序を保とうとする性質がある。子供の場合、大人と違って理性のブレーキがきかないぶん、より直接的で残酷な仕打ちをすることも少なくない。

人間は、自分が経験したことのないバックグラウンドをもつ人の立場に立って想像力を働かせることはうまくできない。異文化にぶち込まれた外国人の苦しみや悲しみは、子供であれ大人であれ、現地ネイティブにはわかりようがないのだ。

受難はそこで終わらない

そんな彼らが期待と不安を胸に日本に戻ると、今度はまた別の意味で理解されない苦しみと、疎外感を味わうことになる。もちろん、最初の頃は日本国内で育った〝マルドメ〟(まるっきりドメスティック、在外経験がない国内派)の人の目にキラキラとまぶしい存在として映ることが多い。でも、単にそれは物珍しさからくる一過性の反応に過ぎず、しばらくすると違和感のほうが大きくなっていく。

「やっぱり、帰国子女は自己主張が強すぎる」「あいつらは空気を読まない」「お疲れ様を言わない」「飲み会に来ない」などなど。先述の「共同体秩序維持装置」が作動し、異物排除がはじまるのだ。

日本社会の特性を察知し、表面的に日本人に合わせる術を体得できたごく一部の人たちを除くと、多くは実際に異物として集団から排除され、ますます傷ついてしまう。

なかには、「日本が合わない」といって海外に帰っていく人も少なくない（だからといって、海外で受け入れられる保証はないのだが……）。しかも、日本の人たちが違和感を感じる前の段階でさえ、「帰国子女だから英語ができてイイよね」「帰国子女だからできて当たり前でしょ」という、羨望・嫉妬・憧憬《しょうけい》などが複雑に絡み合った言葉を投げかけられ、帰国子女の人たちはまた傷ついてしまう。

誰からも理解されない悲しみといってもいいだろう。

輝きの正体

本当のところ、彼らの輝きは、暗く苦しい経験の裏返しである。

「自分は何者か？」という問いかけを、幼少期から心の中で何度も何度も繰り返してきた哲学者の輝きといってもいい。アイデンティティー・クライシスの中で長く孤独な闘いの末に手にする「誇り」が、身体の奥底から「氣《き》」としてにじみでてきているのではないだろうか。

でも、本当のところ、そういう人たちはほんの一部なのだ。

多くの日本人が知らないのは、そうした孤独な闘いに敗れ、心を病んでしまったり、セミリンガル（複数の言語を知っていても、どれも年齢にふさわしいネイティブレベルの言語運用能力を身につけていない人）になってしまったりする人も少なくない、という点だ。

そもそも問題に気づいていないのだから仕方がない、といえば仕方がないのだが、日本社会にはそういう人たちの受け皿は用意されていない。

トレイリング・スパウスとは？

グローバル化のうねりに翻弄されるのは子供たちだけなのだろうか？　うねりの中で、帰国子女以上に苦しみを感じやすいのが、「トレイリング・スパウス」と呼ばれる人たちだ。

旦那さん、もしくは奥さんの海外転勤に帯同するために、自分の仕事を一時的に中断してついていく配偶者のことである。「一時的」と思っていても、結果的に「永久」になってしまうケースも少なくない。

帰国子女と違って、すでに大人としての価値観が確立されていて、生活パターンもできあがっている人にとって、異国での生活に馴染むのは容易ではない。言葉や文化、あるいはビザ等の関係で、職探しをしようにも簡単にはいかないケースが多い。

奥さんの場合、駐在員妻たちの集まるサークルに顔を出す人もいるが、狭い世界で複雑な人間関係に疲れてしまうケースも少なくないようだ。

一方、仕事を見つけられなかった夫のケースは、そういうサークルも現地にはあまりないので、よほど個が確立されている人でないと厳しい。

いずれにせよ、グローバル化の深化とともに、「トレイリング・スパウス」の問題はこれからますます深刻化していくだろう。

ライフ・ゴーズ・オン

わたしの師のひとりに、いわゆる「帰国子女」のはしりで、80年以上前に欧州で生まれた人がいる。旧家の出にもかかわらず、いつでもモノをはっきり言ってくれるので心地よい。

当時の帰国子女は、たいてい特権階級出の人が多かったと思われるが、たとえそうであっても、今と違って簡単には日本に一時帰国などできないし、インターネットもないわけだから、我々の想像を絶する苦労があったはずだ。

そんな彼が、一言こう呟いた。

「まぁ、いろいろありましたが、こうして元気で生きています」

なるほど、「まぁ、いいか」か。ライフ・ゴーズ・オン（何があっても、人生は続いていく）。実に味わいのある答えと言えるのではないだろうか。

14 ヒップホップ音楽と日本語の相関関係

年末、ポスト・マローンという白人ラップ歌手の『ロックスター』という曲を聴いてみた。恰好よく言えば、英語圏の若年層の内在的論理を少しでもいいから掴みたかったからだ。PVはマローンが日本刀で人を斬りまくり返り血を浴びる、まるで北野武映画のような映像だ。

歌詞の内容とも直接重ならず、解釈の難しい動画だが、公開後数ヵ月で1億7000万回も視聴されている。「異端者の色は何色」（68頁・第12項）で触れたストロマエ（ベルギー人歌手）にも似た、そこはかとない空虚感漂う物悲しいトーンの曲だが、世界的大ヒットとなった真因はどこにあるのだろう……。

その前のヒット曲『コングラチュレーションズ』にいたっては、私が見た動画だけでも1年間で6億回も視聴されている。

ちなみに2017年に全世界でマローンより人気があった歌手は、英国人のエド・シーランとキューバ系米国移民のカミラ・カベロなどごく数名だ。

前者は、昔の日本のフォークミュージシャンと平井堅を掛け合わせたようなバラード歌手。後者は弱冠20歳のラテンポップの歌姫。純愛をテーマとするシーランは世代を超えてキリスト教徒保守層のファンを摑めるし、カベロはアイドル歌姫好きなファンのみならず、世界中にいるラテン系潜在的リスナーの心をくすぐる点で、二人が売れた理由はわかりやすい。

〝日本人が知らない〟米国人の世界

一方、容姿的なスター性もなく、メジャーな宗教や非英語圏に属する人たちに響きそうな歌を歌うわけではないマローンの人気をどう説明すればよいのだろう。

かつて英語圏の若者文化の中心にはロックがあったが、21世紀のいまはヒップホップ・ラップがその座を奪いつつある。「ラッパー」&「白人」という掛け算ジャンルではあまりスターはいないが、マローンの場合、先輩格のエミネム同様、白人といっても日本人の知らない「白人弱者層」にも根強いファンがいる。

つまり、歌詞のテーマの中心が「(幼少期から引きずる)怒り」「(弱者代表としての)社会への不満」である点がヒットと関係しているのではなかろうか。

もっとも、「トレイラー・トラッシュ」と呼ばれるトレイラーハウスで暮らす白人最貧困層に近い出自のエミネムと違い、マローンは刺青だらけとはいえ一般家庭で育ったようだ。だが、発言内容から反体制である点は疑いようがない。参考までにエミネムの『ホワイト・アメリカ』という曲と聞き比べてみる価値はあるだろう。

若者の中心テーマは、いまでもロックの時代と変わらない。ドラッグ、セックス、暴力といったキーワードは共通で、もちろんそれは「怒り」や「不満」の裏返しだ。しかも、現代の格差社会では、社会的弱者を親にもつ子供たちが以前より増え、若年層の抱える怒りの度合は格段に上がってきている（そして、今後は日本でも他人事ではいられなくなるだろう）。

当然、そうした心性のカタルシス作用を促す言語表現を若者は好んで使う。たとえば、先の『ロックスター』という曲を一緒に歌う21 Savageという黒人ラップ歌手の別の歌に『Skrrt Skrrt』という曲がある。暗いトーンの曲だが、Skrrtという言葉は若者がよく使うスラングで、興奮・感動・憤怒・不快感などさまざまな強い感情を伝える感嘆詞だ。原義は、荒っぽい運転をしたときにタイヤが発する音の擬音語である。

そういうわけで、本稿では「ニッポン神話」どころか、おそらく日本では誰も気に留めないであろう、「日本と英語圏における若者表現の相違点」に焦点をあてながら、これからの日本を少し展望してみたい。

なんでもかんでも短く

まず、日本の10代は端折《はしょ》るのがお好きだ。「了解」は「りょ」となり、さらに「り」となる。

「あー、そうだね」は「あーね」、「とりあえず、まぁ」は「とりま」などなど。そこまで短くする必要性は理解しがたいが、ひょっとすると、俳句や短歌など古来から日本にある短文選好傾向と関係しているのだろうか。

英語圏でも「probably」を「prolly」とするなど、単語の発音を端折るのは若者間ではよくあることだが、ここまで短縮するケースは稀である。

日本人の場合、学校で答案用紙にできるだけたくさんの文字を書き、いかに熱意と努力を担当教授に示すかという訓練を積む。だが、会社に入ると最初に言われるのが「こんな長い文章を俺に読ませるのか?」である。結論ははじめに。字はたくさん書くな。字より表。表より絵やグラフ。とにかく一目で見て分かる資料を書け、と指導される。

そこで、主語を省き、漢字の組み合わせで全体の意味を感知させる必殺技を習得する。そのせいか、社会人の日本語報告書を欧米言語に直訳すると、意味がさっぱり通じないことが多い。

おそらく、日本人は右脳でイメージをパッと掴む方式が好きなのだろう。短文好きな人が多いのもそのせいかもしれない。もちろん、ＬＩＮＥなどのＳＮＳ文化の影響も少なくないだろう。

そういう人は相手に「阿吽《あうん》の呼吸」を期待するが、異文化コミュニケーションでは、そういう期待はたいてい見事に裏切られる。日本的な感覚ではしつこいと思われるぐらい言葉を使って丁寧に説明しなければ、自分の気持ちが相手に正確に伝わることはない。

これからますます深化していくグローバル社会で、こうした「端折り言葉」文化がこの国の未来を背負っていく人たちに根付いてしまっているとすれば、由々しき問題と言えるのではなかろうか。

地方方言と〝なんちゃって〟外国語の浸食

次に、方言が若者スラング化しているケースも散見される。たとえば、「それなー」という共感表現だ。わたしが日本にいた頃には聞いたことがなかったが、いまでは若者が集団秩序を維持するための「安全弁表現」として「それなー」を連発し集団の空気を清浄化しているようだ。

「めちゃ」という副詞や「……じゃね?」という語尾も方言のにおいがするが、日本人女性がこういう言い方をするのは、いつごろからなのだろう。

方言に加え、外国語、否、「なんちゃって外国語」の使用も見受けられる。「わんちゃん」は「ワン・チャンス」を短くした表現のようだが、「おそらく」「たぶん」という意味だという(英語ではそういう風には使わないのだが……)。

ただ、ライム(脚韻)を踏んでいるのでラップの影響かもしれない。日本語には伝統的に韻を尊ぶ文化があったのでそうとも言い切れないが、もしもライムの魔術師エミネムに質問したらいったいどう答えるだろうか。

また、批判を意味する「ディスる」という表現も使われるが、「ディスリスペクト」に起因する古びた黒人ラップ表現dissから来ているのだろう。冗談であって欲しいが、日本の学校では日本舞踊さえ選択肢にないのに、ヒップホップが義務教育に取り入れられているという。

ということは、その間接的影響で「ディスる」が若者語彙に入ってきたのだろうか。体育とはいえヒップホップを義務教育に組み込むからには、ヒップホップの歴史、つまり米国黒人カルチャーと黒人抑圧の米国史や、反体制のトーンが強い歌詞の内容も教えているのだろうか。でなければ、片手落ちだ。

不可思議な現象に思えてならないが、ラップが世界的潮流の一つになってきている以上、もはや驚きに値しないのかもしれない。

糞尿譚《ふんにょうたん》好きな若者

言語のもつ表現の豊かさを「リッチ」という言葉で形容する。一般論として日本語は主要言語と比較するとリッチさに欠ける。リッチさは、単にボキャブラリーの豊富さだけではなく、口語やスラング表現の豊富さも含む。たとえば、英語・西語・露語あるいは中国語のスラング辞書を見ると、日本的感覚だとびっくりするような汚い感情表現が多数存在する。

一方、善し悪しは別として、日本語の侮蔑語・卑語の類は極端に少ない。ところが、最近の日本語若者スラングには、「リッチな」言語の国に匹敵する汚いカタルシス表現が増えてきているように見受けられる。たとえば、糞尿譚の典型例である「クソ」は従来の日本語ではそれほど使われなかったはずだが、最近は「世の中はクソだ」「誰々はクソだ」などという表現が使われているそうだ。

これは、わたしが日本に住んでいた頃にはなかった使い方である。当時は副詞的な使い方（クソ暑い）と独立感嘆詞（くそー）だけだった。名詞あるいは形容詞として直球的に糞尿譚を使う文化の定着は、いったい何を暗示しているのだろう？　まさか、これもヒップホップやラップが生み出した世界的潮流の影響なのか。

以上、ポスト・マローンから日本語若者スラングまで簡単に俯瞰してみたが、直感的に言えることは、英語圏でいま起きていることは、10年程度のタイムスパンを経て日本でも同じことが起きる蓋然性が高いという点だ。しかも、デジタル社会の深化により、その伝播スピードは毎年短くなってきている。

だからこそ、わたしは英米の若者文化をいろいろな角度で観察している。ちなみに客観的事実として、２０１７年の米国音楽界のジャンル別総売上ランキングで、ラップを含むヒップホップとＲ＆Ｂが、初めてロックを抜き去ったという。

第3章

和僑の文化的謎解き

15 言語の奥底に眠るもの

「イギリスとアメリカは同一言語により隔てられた二つの国である」と言ったのは、ジョージ・バーナード・ショーだが、一見簡単そうな言葉でも使い方に大きな違いがあったりする。

具体例を見てみよう。日本の中学生が最初に習う単語の一つに「プリーズ」がある。米語の得意な人は、定番和訳「どうぞ」が実態からかけ離れていることを、おそらく感覚的に摑んでいるだろう。実際、この単語の印象について、英米人の間には大きなギャップがあり、双方向で誤解が生まれうる。

英国人は、ビジネスでもプライベートでも、とにかく「プリーズ」という言葉を連発する。たとえば、ファストフード店で注文する時でさえ、プリーズは不可欠であり、使わない人は「粗暴で失礼な人」というレッテルが貼られてしまう。

英米間で異なる丁寧さの閾値《いきち》

一方、米国では、地域差はあるものの、公の場や手紙ではプリーズをあまり使わない。もちろん、子供たちは使うように躾《しつ》けられるが、大人が連発すると「子供っぽい」「慇懃《いんぎん》無礼だ」「皮肉っぽい」「変だ」等と思われるリスクがある。

私見だが、米国人は、プリーズのもつ権威主義的・説教的・懇願的な臭いが苦手なのだろう。米国では、相手との関係性において、①権力格差が明確な時〈親と子供、教師と生徒、上司と部下など「上から目線」が許容される間柄〉、②他者に想定外の面倒なことをお願いする時など、限られた状況でこの単語は使われる。

ただ、丁寧さは無礼と背中合わせで、さじ加減が難しい。「ポライト・バット・ルード（慇懃無礼）」というが、興味深いことに英米間ではその閾値がいちじるしく違うのだ。かなり多くの丁寧スパイスをつけても、英国では慇懃無礼にならないが、米国ではすぐに臨界点に達してしまう。

「ウチとソト。他人には丁寧に」という日本的力学は、英国人と重なる糊代《のりしろ》はあっても、米国人と重なる部分は少ない。なぜなら、本音はともかく、米国人は「ウチ」の幻想に固執するからだ。

たとえば、「レストランの店員を〝仲間〟と考えたい」という人が少なくない。彼らはプリーズという嫌な響きの言葉を使わず、目線と声の調子で、まるで友達のように店員と接しようとする。

だが行きつけの店ならまだしも、初めて行くような店でどうやって「友達」感覚をもてばいいというのか。もしかしたら、そのために用いられる手段のひとつがチップかもしれない。不要論を唱える人もいるが、それでも低賃金の〝仲間〟を助け、結束を強めるという建前論で払うのだ。本当のところ、給仕より厨房スタッフのほうが報酬は低いし、顔の見えない経営者を人件費削減という形で客が助けている構造なのは明らかだが……。

彼らはなぜ「フレンドリー」の名のもと、そんな平等幻想を抱くのだろう。「ニッポン神話」と対比できるこの「米国神話」をもう少し掘り下げてみよう。

深層心理の仕業なのか

個人レベルでは、どの国にもフレンドリーで良い人はいる。だが、社会として米国を見ると、建前と本音のギャップが大きく、至るところに歪みが生じている。

そもそも米国人とは、形式主義の英国に見切りをつけて建国した人たちの末裔《まつえい》だ。一方で「平等」「博愛」といいながら、奴隷や黒人差別などの歴史をもつ複雑な社会の住人でもある。拳銃や薬物も手に入るので犯罪件数も少なくないし、社会規範は性悪説に基づいて作られている。

もしかすると、米国社会の奥底に流れる人間不信の哲学が、他者への気遣いにつながっているのか。心の奥底で、他人が作る食事など信用できないから、〝友達〟と思わせてリスクヘッジしているのだろうか。英国も同じ民族である以上、表現方法は違っても根本は同じなのか。

だとすると、フランスの思想家カイヨワがあらゆる文化の起点として指摘する「遊び」の側面もあるのだろうか。

「すべて遊びは規則の体系である。規則は、何が遊びであり何が遊びでないか、すなわち、許されるものと禁じられるものとを決定する。この取りきめは恣意的であり、同時に強制的であり、決定的である」(ロジェ・カイヨワ『遊びと人間』多田道太郎、塚崎幹夫・訳〔講談社学術文庫〕講談社)

英米で学び、英米多国籍企業に長年勤め、ある程度は英米文化を理解しているつもりだが、この現象の裏に潜むものの正体は謎のままだ。だが、こうした謎解きはたまらなく楽しい。引き続き、暗闇のダイブを続けていきたい。

16 「笑顔」の陰翳礼讃《いんえいらいさん》

日本出張時、オフィスビル内で硝子《ガラス》ドアを通り抜けた時のこと。いつもの癖《くせ》で、次の人のためにドアを押さえて待っていると、大袈裟《おおげさ》に恐縮されてしまい、少々気まずかった。こちらから口角を上げて微笑《ほほえ》んでみたが、相手の顔はより強《こわ》ばった気がした。

欧州、特に英国では次の人のためにドアを押さえて待つことがマナーとされている。相手は微笑み返して、また次の人のためにドアを押さえてあげればよいのだが、文化の違いは分厚いものだ。

霊長類の笑いにはいくつかの種類があり、その一つである「微笑」はボス猿に対する恭順・畏怖・叩頭《こうとう》の意だという。

確かに、欧米人との会話がよく理解できない時や交渉がうまく進まない時に、愛想笑いを浮かべる日本人は今でも少なくない。欧米人は「ボス猿」ではないが、特に相手が白人だと気後れするのだろう。〝日本人の不可思議な笑い〟と揶揄《やゆ》されるが、「恭順・叩頭の微笑」に類するものだと解釈すれば納得できそうだ。

ところで、「笑顔は欧米社会の潤滑油」と日本では信じられているが、本当なのか。確かに、もともと狩猟民族の間では見知らぬ者同士が出会うと、攻撃の意志がないことを相手に伝えるために、握手したり、微笑み合ったりする必要があったのだろう。実際、道で不意に人とぶつかってしまったら、日本人は恐縮して謝るが、英国では軽く触れた程度なら「微笑んで」ソーリーと言う人が多い（余談だが、「欧米人はソーリーと言わない」というのも一部神話だ。例外的かもしれないが、英国人は日本人並みにソーリーを連発する）。

また、微笑は日本のお辞儀にも相当する。他人と偶然目が合ったら、微笑みかける。知り合いと少し遠くで目と目が合ったら、目上目下にかかわらず、微笑んでみる。ただそれだけのことだが、確かに欧米社会では大切なことだ。

ロシアの論理

一方で、「欧米人」と言っても多種多様だ。プーチン大統領の顔を思い出すとイメージしやすいが、ロシア人はむやみに笑わない。特に見ず知らずの他人には仏頂面が基本だ。

他の欧米人には冷たい印象で見られがちだが、ロシアにはロシアの論理がある。彼らにとって、笑顔とは本当に嬉しい時やおかしい時に、知り合いに対して見せるべきものなのだ。このため、赤の他人にもよく微笑む米国人は、ロシア人の目には「偽善的」「軽薄」もしくは「胡散《うさん》臭く」映るという。学校でも子供たちは教師と接する際に、むやみに笑わないように躾けられるそうだ。これは一昔前の日本と重なる。「何ニヤニヤ笑ってるんだ」と教師に怒られたことのある読者も少なくないだろう。

ロシアや日本では、笑いは「不真面目」「不謹慎」「軽薄」などの概念とも不可分で、笑いが許される一定の場面以外では、警戒心を喚起する。だから、冒頭のドアの一件で、他人である私の微笑に相手は警戒心を覚えたのだろう。

証明写真を撮影する時にも、皆、真剣な眼差《まなざ》しになる。運転免許更新時の顔写真撮影で「笑わないでください」と注意されたことのある人もいるだろう。一方、善し悪しは別として、欧米の写真撮影では笑顔の人が多い。

日本には、固有で高等な微笑もある。かつて小泉八雲は「乱れた心の平衡を取り戻す努力を覆い隠す微笑」と喝破したが、たとえば夫の葬式で微笑む未亡人は欧米人には理解しづらいだろう。自分よりも他者を気遣う相当高度な笑いで、猿には決して真似できないはずだ。もっとも、最近の日本では、感情表現を露骨に出すことを躊躇《ためら》わない人が増えていて、旧《ふる》き良き日本の奥ゆかしき微笑は過去のものなのかもしれない。

このように一括《ひとくく》りに「欧米の笑い」と言っても、英米・ロシアを対極に、異なるグラデーションを帯びた微笑傾向があり、一概には論じられない。興味深いことに日本はロシアに近い部分があるが、禍福無門《かふくむもん》と言うように、どんな時でも笑顔を絶やさずにいると、チャンスは向こうから飛び込んでくる。

たかが笑顔、されど笑顔。理屈はともかく、できることならいつも笑っていたいものだ。

17 反省の色は何色？

ベネズエラ北端から１００kmほど沖に、キュラソーというカリブ海の島がある。「ＡＢＣ諸島」の一つで、「ララハ」という柑橘系フルーツから作るキュラソー酒の原産地としても世界的に有名だ。

滞在先のプールサイドで、米国から来ていたホテルマンと知り合った。ブルーキュラソーをベースにしたご当地カクテルを片手に、最近の米国のクレーマーの人たちの実情とホテル側の謝罪の仕方を聞いてみた（注：「クレーマー」は和製英語である）。

典型的な例の一つに、「部屋に髪の毛があった」などと難癖をつけてきて、スマホで撮った証拠写真と共に「〝誠意〟を見せよ」と言ってくるケースがあるそうだ。

日本と違い、「申し訳ございません」と深々と謝罪しても相手は納得せず、「ホテルレビューに悪いことを書くぞ」と恫喝《どうかつ》してくるので、結局、ホテルポイントやら無料朝食券やらを渡してお引き取り願うそうだ。

まさか髪の毛程度のことで、そんなに直接的な補償要求をしてくる客がいるとは夢にも思わなかったが、情報化社会の深化により、ネット上の報復をちらつかせて脅してくる人が増えているのは事実のようだ。

欧米のホテルマンたちの爽やかな笑顔の裏に、そんな苦悩があることを知った。

ところで、「欧米では『ソーリー』と言わない」という神話が、日本ではいまだに流れているようだが、ホスピタリティー業界などでは、昔と違ってゲストにすぐに謝罪する傾向がある。また、ホスピタリティー業界に限らず、一般企業で不祥事が発覚した場合に、社長がすぐに謝罪することは、いまでは稀ではない。

「メア・クルパ（私が悪うございました）」という厳粛《げんしゅく》な響きをもつラテン語表現は、不祥事関係の記事でよく使われる。

その一方、一般的な職場や個人の生活の場では、なかなか日本的な謝罪に相当する言葉を耳にすることはない（注：日本のように「ソーリー」が会話の潤滑油のように連発される英国であっても、他人に対して本当にミスを認めて心底「申し訳ございません」と反省、謝罪するケースは稀だ）。

実際、日系企業の幹部から「言い訳ばかりで反省しない現地人の管理に手を焼いています。いっさい謝らないのです。どうしたらよいのでしょうか?」と相談を受けることは少なくない。

欧米人が謝らない3つの理由

たかが謝罪、されど謝罪。欧米文化圏における謝罪を本質的に理解するには、まずは古代ギリシャまで遡る必要がありそうだ。

「謝罪（apology）」というコトバを考えてみよう。この言葉の語源は、『ソクラテスの弁明』というプラトンの作品のタイトルにもでてくるのだが、現代でいう「謝罪」とはまったく違う意味で使われていた。

「apology」の意味は、もともと「謝る」ことではない。「大義や信義を守るために徹底的に弁明する」が原義である。少なくともシェイクスピア（16世紀～17世紀）は「apology」をこの意味で使っており、時を経たいまもこの言葉の根底において、そして、人々の心のなかで、原義がずっとくすぶり続けているといったら大袈裟だろうか（ちなみに、謝罪の意味を帯びはじめたのは18世紀以降といわれている）。

宗教離れというけれど

第二に、キリスト教の観点から考えてみることも必要だろう。

若者の宗教離れは世界的な潮流だ。欧米も決して例外ではない。そうであっても、欧米文化を考えるうえで宗教的価値観を無視すると、本質的な理解に到達することが困難になる。

まず、カトリック教徒の意識・無意識の世界には「罪(sin)を認めたら地獄に堕ちるかもしれない」という一種の強迫観念があり、これが「謝る」ことへの抵抗感を増幅させる。要するに、謝るのは怖いことなのだ。

一方、プロテスタント的価値観からいうと、「罪を認めること」は基本的には良いことである。だから、自分のミスを認め〝反省〟は試みるのだが、それはあくまで「自分の心のなかの話」なのだ。

つまり、謝罪とは自分自身や神との対話のなかでのみ起こり得る話で、「他人に対してあえて示す類のもの」ではない(と少なくとも彼らの常識では考えられている)。このため、他人に対して謝ることは、あり得ないのである。

ポジティブシンキングの呪縛

第三に、社会的要素が関係してくる。人や職場によっても異なるが、日本よりも競争が激しい欧米社会（とくに組織内の対人関係）においては、「強気の加点主義」に固執する人が少なくない。

自分の失敗や欠点を簡単に人に見せることはないし、口にもしない。見ざる、聞かざる、言わざる。

たとえ他人に言ったとしても、日本のように「自分の弱みをさらけだせる、謙虚でさっぱりした人間」とポジティブに解釈されることは少なく、「ネガティブで暗い奴」というレッテルを貼られるのがオチである。

だからこそ、ミスをしても徹底的に自己正当化し、少しでもプラスの部分があれば、それを誇張する人が少なくない。

たとえば、コップを自分で落として割ってしまったら「ごめんなさい、私が悪うございました」ではなく「コップが手から離れ、落ちたから仕方がない」となるわけだ。文章にすると実に滑稽だが、この種の言い訳を耳にすることは少なくない。

〝幽体離脱〟するのがコツ？

以上、「欧米人が謝らない」理由を3つほど挙げてみた。これを踏まえ、彼らとどう接するべきなのだろうか。

まずは我々日本人がもつ「謝罪」に対する考え方が、彼らのそれとは根本的に異なる点を理解する必要がある。そのうえで、怒りを抑えて、まるで相手が当事者ではないかのごとく（これは極めて難しいのだが）、「どうしたら状況を改善できるのか」と前向きに、相談調で聞いてみる。すると、相手も自分のミスはわかっているので、耳を傾けてくる可能性が高まるだろう。

たとえば、「なんで君はまたコップを割ったんだ？」ではなく、「現場で従業員がコップを割ってしまう問題があるようですね。この問題の再発を防ぐために、我々はどうしたらよいのでしょうか？」と、まるで当事者と一緒に幽体離脱するような感じで話しかける必要がある。

いずれにせよ、「反省」とは「失敗から学ぶ姿勢」のことであり、それを文字通り外国語にすれば、非日本人でも理解できるはずだ。

「君の気持ちはわかるよ」と先に言いながら、結局は「問題」という有無を言わさぬ強い言葉を使って相手の心理を揺さぶり、「学べ」という前向きの言葉を使って「建設的に」、つまりもっともらしく響かせるわけである。

「建設的批判」とは、「相手に逃げ道を残しておくこと」である。欧米人の場合は、日本的感覚からすると、かなり大きな逃げ道を与えておかないと、「破壊的批判」となり、逆ギレを含む、聞きたくもない言い訳を聞かされる羽目に陥る。

ますますグローバル化が深化していくうねりの中で、「我々の常識は彼らの非常識」、「彼らの常識は我々の非常識」であることが少なくない以上、そうした違いを文化的・宗教的・社会的などの側面から俯瞰し、異文化コミュニケーションをとっていく必要があるのではなかろうか。

「反省」に色などない。けれど、真っ青なカリブ海とブルーキュラソーを眺めていたら、きっと「反省の色」はこんな色なのかもしれない、という気がしてきた。

18 カッコウと閑古鳥

今年はベルギーの自宅で運気を練りつつ静かに新年を迎えた。元旦の朝、ふと庭の雪景色を見ていたら、なぜか焼鴨が食べたくなった。

さすがに元旦の朝にやっている中華料理屋はなく諦めたが、その代わりに以前、別の雑誌で連載していたときに書いた『鴨飯の味』というエッセーを読み返してみた。手前味噌ながら、いままで書いてきた多くの文章のうちでも、自分の中で三本指に入るものだ。

鴨飯の味

駆け出しの頃、わたしはロンドンで仕事をしていた。当時の為替レートはいまと違って1ポンド270円で、日本円に換算すると何もかもが高く感じられた。給料も低く、お昼はいつも一番安い、それでも2ポンドもした、冷たくまずいサンドイッチを食べていた。

だが、ときどきどうしても耐え切れなくなる。すると、まさに阿吽の呼吸で、英国で育った香港人の同僚と事務所から少し離れた中華街に向かう。

行きつけの店は、中国語メニューしかなく、それこそ華人労働者しかいないような外国人にはハードルの高いお店だった。焼鴨がドーンと白米の上にのった鴨飯は、涙がでるほど美味かったが、その記憶はいまでもわたしの中に深く刻まれている。

中年になってから、その彼と香港で再会したときに感じた、二人の間に流れた何ともいえない心地よい「空気」の話を、そのエッセーで文字にしたのだ。仏教では「人は、人と人のつながりの中でしか存在しえない」と説くが、彼とのご縁はたぶん一生ものだろう。

その後、一人前になってから世界中のお店で食事をしてきたが、いまでもあの鴨飯にかなう料理には出会っていない。

いや、母親の名誉のためにいえば、子供のころ大好物だった母の手作りトンカツだけは匹敵するかもしれない。「お袋の味」は世界共通で、日本人やイタリア人に限らず、インド人であれ、イラン人であれ、子供のころの味覚経験は人に一生分のインパクトを与えるものだ。

ちなみに、ユダヤ系の人たちにとって「お袋の味」といえばチキンスープだ。

鳥とステレオタイプ

チキン（鶏肉）にまつわるステレオタイプも欧米には存在する。例えば、米国内ステレオタイプで「フライドチキン好きの黒人」というのがある。実際、鶏肉といえば、真っ先に黒人を思い浮かべる米国人は少なくない。

もしかすると、こういうステレオタイプは日本ではあまり知られていないのかもしれない。

「鳥」のもつイメージも、日本と欧州言語圏ではかなり違う場合がある。たとえば、カッコウという鳥がいるが、日本では伝統的に「もの悲しい鳥」というイメージでとらえられてきた。実際、「閑古鳥が鳴く」というイディオムにある「閑古鳥」とはカッコウのことだ。日本のシャッター街にはカッコウがいるのだろうか。

一方、欧州言語圏では、もっと心理的に人間に身近な鳥として考えられている。ただ、身近で親しみのある動物は、犬もそうだが、時と場合によっては、侮蔑表現の対象にもなる。愛憎は常に背中合わせなのかもしれない。

言うまでもなく、カッコウといえば「別の鳥の巣に托卵《たくらん》する変わった鳥」という横顔も持つので、単に「変わった」というイメージでとどまらず、「狂った」などさらなる連想を喚起するのだろう。

ちなみに、昔の日本文学でもときどき使われていた「コキュ」（妻を寝取られた男・仏語）という相当〝哲学的〟な外来語は、まさにカッコウの托卵行為を揶揄した表現だ。同様の表現が（もちろん、最大級の侮蔑語としてだが）欧州言語の語彙にはたいてい存在するが、おそらく欧米では結婚してからも夫婦間に男女の緊張感があるケースが多いからかもしれない。

最近ではこの神話は崩れつつあるようだが、「結婚したら妻は安全牌《あんぜんぱい》」と考える旦那さんが多い日本との違いが、こんなところにも表れているといったら大袈裟だろうか。

「ミサゴ」という日本語を知っているか？

カッコウは、別の鳥の巣の上の卵を蹴り落としてから自分の卵を産むことで知られるが、もっと直接的な攻撃性をもつ猛禽類《もうきんるい》も、狩猟文化のせいか日本よりもずっと人間に身近な存在だ。

たとえば、日本で猛禽類といえば、鳥に詳しい人以外は、鷲、鷹、鳶、ハヤブサぐらいだが、欧米圏ではハヤブサひとつとっても、「ファルコン」のみならず、「オスプレイ」（日本語ではミサゴ）や「ケストレル」（日本語ではチョウゲンボウ）などが一般語彙に入っている点は興味深い。

米軍輸送機の名としては日本人の耳に馴染みのある「オスプレイ」だが、日本語訳の「ミサゴ」という単語を耳で聞いて、鳥の外観をイメージできる日本人はどれほどいるのだろうか。

以上、鳥にまつわる異文化比較をしてみたが、異文化コミュニケーションにおいては、鳥ひとつとってもイメージやステレオタイプ的な誤解や神話が生まれうる点を認識しておくとよいかもしれない。

19 家にまつわる異文化の壁

１９９０年代初頭にロンドンで暮らしはじめた。それから数年ほど賃貸フラット（和製英語「マンション」に相当するイギリス英語）に住んでいた。不況の嵐で20代の同僚たちが次々とクビになっていく中、生き残った人たちは、銀行ローンを組んで小さなフラットを買っていた。

いまでこそ物件価格が高くなりすぎて、とくに20代でロンドンに家を買える人は少数派になってしまったが、当時の英国では20代で大きなローンを組んでフラットを買う人が多く、文化的に衝撃を受けた。それとは対照的に、いまの日本では低金利を利用して20代で住宅ローンを組んでマンションを買うサラリーマンも増えているようだが、当時の日本では20代で家を買う人は稀だったと思う。

そんな雰囲気の中で、しばらくするとわたしも家賃を払うのがきつくなり、不動産屋に足を運んでみたが、当時の給料ではとても買えそうになかった。だが、不況はわたしのような者にとって追い風となった。

住宅ローンを払えなくなった人たちが急増して、銀行の差し押さえ物件をさばく競売が毎週のようにどこかのホテルの一室で開かれるようになったからだ。日本と異なり、裁判所が仕切るのではなく、委託された民間企業が競売を仕切っていた。

異国での競売入札体験

競売に参加するために必要な入札基準額をかき集めて、当日会場に向かった。すでに数十名の参加者が始まるのを待っていて、しばらくすると、威勢よく競売が開始された。次々と物件が読み上げられ、値段が吊り上がっていく。

金額は必ずしも〝高級〟ではなかったが、いわゆる「せり方式」の競売、つまり読者の皆さんがイメージするような、美術品オークションさながらの、臨場感あふれる場面が展開されていた（ちなみに、裁判所が仕切る日本の不動産競売は、入札金額を書いた紙を封筒にいれて事前に裁判所に提出する「封印入札方式」であって、一般的なオークションのイメージとはかけ離れた静かなものだ）。

わたしが狙ったのは、ロンドン中心部から電車で10分ほど南下したところにあるクラッパム・ジャンクションという町の物件で、いまはお洒落なエリアになったが、当時はちょっとさびれていて、あまり人気のある場所ではなかった。わたしのお目当ては、20階以上ある「ハイライズ」（高層マンション）の15階の部屋で、駅1分という利便性の高い物件だった。

高層住宅＝ダサい

いまでこそ、そういうイメージはなくなりつつあるのかもしれないが、当時、英国の人々の心の中には「ハイライズ＝低所得者のお家＝ダサい」というステレオタイプが確実に存在した。

実際、その物件も、もともとは「カウンサル・フラット」と呼ばれていたもので、日本でいえば都営住宅や市営住宅に相当する、所得的に恵まれない人たちに地方公共団体が提供する集団住宅だった。それがある時期から民間に払い下げられ、フル・リフォームの後、一般分譲された。

つまり、過去はどうであれ、れっきとした「フツーの区分マンション」だったが、人々のイメージは、そう簡単には変わらない。当然、そんなハイライズ物件を目当てに、わざわざ競売に参加するような人は当時そんなに多くはなかった。ところが、香港系とおぼしき参加者がその物件に目をつけ、結果的にわたしはその男と競り合うことになった。

異国の地で競売初体験のわたしは焦っていたが、できる限り平静を装った。価格がどんどん吊り上がっていくなか、躊躇したら負けだと思い、値段が上がると同時に瞬間的に札をあげていった。

「ほかにこの価格に応札する者はいないか？」という競売人の掛け声に反応して、その男も札をあげていくのだが、だんだんと反応速度が鈍ってきているのが感じられた。そして、これ以上値上がったら予算の関係で降りるしかないな、と思った価格のほんの少し手前で相手が先に降りた。

ガッツポーズこそとらなかったが、わたしは思わず立ち上がってしまい、競売人に「座るように」と注意されて赤面した。いまとなっては懐かしい思い出だが、とにかくわたしは区分物件を競り落としたのだ。


一方、日本は「ハイライズ」が大人気だ。今年も数えきれないほどのタワマンが建設されている。たとえば、わたしが生まれ育った町から少し離れた、ちょうど隅田川をはさんで反対側の地域は、昔は「川向う」と呼ばれ、それほど人気のある場所ではなかったが、バブル期にいわゆる「タワマン」が立ちはじめ、いまや〝お洒落な街〟として完全に生まれ変わっている。
欧州に長く住み過ぎたせいだろうか、わたしは相変わらずハイライズが苦手だ。

20 愛犬は天国に行けない？

「レントゲンで腫瘍が見えます。でも、こんなに元気なのだから良性でしょう。手術が終わったらすぐにお電話差し上げます」

かかりつけの獣医から愛犬クーについてそう言われて、わたしは暢気に構えていた。しかし、電話は30分もしないうちに鳴った。早すぎる。

自分がいかに愚かだったかを思い知った瞬間だ。

「……だめです。手の施しようがないほど複数の臓器に腫瘍が拡がっていて、手術できません。麻酔で静かに眠っているので、このまま永遠に眠らせますか？」

「……先生、何を言ってるんですか。いまこの電話で、安楽死の決断をせよ、というのですか。さっきまであんなに元気だったじゃないですか……」

「でも、治ることはありません。助からないのです。もって、せいぜい数週間、はやければ数日です。決断が必要です」

「……とにかくお腹を閉じてください。今、そんな決断はくだせません」

想定外の結果と、想定外の獣医の質問を前に、わたしは戸惑った。咄嗟に呑み込んだ「この前まで、『ホルモン系の病気だから一生薬を飲めば大丈夫』と言ってたじゃないか」という言葉を、心のなかで叫んだ。後悔、自責、憤り、悲しみ、失望、期待……。いろいろな気持ちが頭のなかを駆け巡る。

夕方、麻酔から覚めたクーを迎えにいく。麻酔薬がまだ少し効いているせいか、ふらふらしている。でも、わたしを見た途端、尻尾を振る。犬を家に連れて帰り、海外に住む娘を週末だけとんぼ返りで呼び寄せるため、すぐに航空券の予約をした。

生まれたときから10年以上も一緒にいると、犬はまぎれもなく家族になる。医者から「幸い痛みは感じてないようだ」といわれたので、わたしはクーの安楽死を選択せず、緩和治療の道を選んだ……。

さて、犬のことを「家族」と思う人は日本には多いが、それを万国共通と考えてしまうと「ニッポン神話」になってしまう。犬をはじめとしたペットに対する考え方は、国によって驚くほど大きく異なる。

今回はそうした視点から犬を取り巻く状況を俯瞰し、異文化理解を深めたい。

犬は天国に行けない？

まずキリスト教世界から考えてみよう。わたしの住むベルギーはカトリックの国だが、数年前に教会で犬の葬式が営まれた。そのニュースはまたたく間に世界中を駆け巡り、キリスト教世界を中心に大変な物議を醸した。とくに原理主義的なカトリック教徒が激怒。葬式を取り仕切ったベルギー人の司祭は混乱を招いたことを謝罪し、「あれは葬式ではなかった」などと言い訳めいた説明をした。

おそらく多くの日本の方は、それがなぜニュースになって、しかも炎上するのか、チンプンカンプンではないだろうか。そう、根底にある考え方が一神教の宗教観のため、わかりにくいのだ。

神学の専門家に怒られるかもしれないが、誤解を恐れずに簡単にポイントをまとめると、こういう考え方になる。

「人間と違って、動物には永遠の魂はない。肉体が滅びた瞬間に魂は消滅する。従って、天国の門をくぐることはできない。人間だけが死後の魂をもち、天国に行ける。だから、犬を含めた下等な動物の死に際しレクイエムを歌うことはないし、葬式も供養もありえない」

聖書にはこの点を明確に記述する部分はないようだが、このように解釈する信者は少なくない。

うーむ、犬を亡くしたわたしには不愉快な解釈だ。人間を動物より〝高等〟と決めつけるのも、正直なところよく理解できない（もちろん、「動物は人間より下等で永遠の魂をもたないからこそ、人間は（一部の）動物を食べて良い」という理屈はわかるのだが……）。

ただ大切なことは、善し悪しは別として、そういう考え方をする人が世界には少なからずいる、という事実を冷静に受け止めることだろう。

ちなみに、数年前、ローマ教皇フランシスコが犬を亡くして嘆き悲しむ少年に対し「天国は、神が造られたすべての生き物に開かれています」と（非公式に）発言した、という報道が一部でなされたが、真相は闇のままだ。

実際バチカンでも、この点について明確な公式解釈を残した教皇は存在せず、人によりさまざまな（非公式の）発言記録が残っている。

天国とは何か

ここでもう一つ考えなければならないのは、彼らが考える「天国」とは何かという点だ。彼らにとっての天国というのは、キリストがいる場所。

そこは（下等な）動物が足を踏み入れられる場所ではない。キリスト様のそばにいられるだけで「永遠の幸せ」を享受できるのだから、愛犬だろうがなんだろうが、動物などいなくても幸せになれる、という理屈だ。

さらに、キリスト教原理主義的な人のなかには「犬の死を嘆き悲しむことさえ間違っている。真実の愛は、神や人に対して感じるものであり、犬に対する気持ちはまったく異質のもの。だから嘆く必要はない」と思う人もいる……。冗談は顔だけにして欲しい。だが、これが現実だ。

もちろん、人によって濃淡はあるし、それを真っ向から否定する人もいる。だが、一般的傾向として、宗教観に根ざしたそういう価値観が根底にある。しかも本書の「生きるべきか、死ぬべきか」（231頁・第40項）でも書いたように、ベルギーなどの安楽死先進国では、（人間の）大人どころか、子供の安楽死さえ認められている。

このため、我々日本人が考えるよりも、犬の安楽死に対する心理的ハードルは低いのかもしれない。「実際、驚くほどあっさりと安楽死を選択する飼い主が多い」とかかりつけのベルギー人獣医は少しため息をつきながら呟いた。

人間社会の矛盾

さて、キリスト教世界から離れてみよう。イスラム教では 犬は不浄なものとされている。湾岸諸国はもちろん、インドネシアなどでも、犬を飼う人は肩身がせまい思いをすることが少なくないそうだ。犬食はイスラム教で禁止されているが、同じ国でも異なる宗教圏のバリ島では犬食文化があり、残酷な屠殺《とさつ》方法が問題視されている。

また、我々の隣国の韓国や中国では、あいかわらず犬を食べる人がおり（減っていると願いたい）、欧米の動物愛護団体から長年批判されている。

ベトナムにも犬食文化がある。数年前、「行方不明だった愛犬が丸焼きになっている姿を街でみつけて号泣する少女」というインターネット記事を読んだが、真偽はともかく、あまりにも残酷な写真を前に絶句した。

毎年アジアを中心に、数千万匹が食用などの目的で殺されている。そして、もちろんそういう国にも、我々のような愛犬家はいる。

一方、愛犬家が多い欧米諸国が優れているかというと、そんなことは全くなく、イギリスにせよベルギーにせよ、夏休みの後には、無責任な飼い主に捨てられた大量の迷い犬が当局に捕獲され、保護される（そして、安楽死させられる）。

結局、国籍を問わず、矛盾だらけなのが人間という存在なのだろう。

こうして犬と人間の関係について俯瞰してみたが、やはりわたしにとって、犬はかけがえのない存在だ。自分でも気づいていなかった心の隙間を、無条件の愛で埋めてくれる、大切な命をもつ存在だ。

もっと、もっと、もっと、散歩につれていってあげたかった……。向こうでも、たくさん駆け回って、たくさん食べて、たくさん友達を作ってね。気づいてあげられなくて、ごめんね。これまで本当にありがとう、クー。R.I.P.

21 紳士の国のキツネ狩り

犬が生きていた頃、よく真夜中に散歩に出かけた。すると、かなりの頻度でキツネに出遭う。美しい生き物だ。キツネといえば、いつ頃から日本では「キツネに化かされる」人がいなくなったのだろう。

哲学者の内山節《たかし》氏によると、1965年を境にそういった話は消えたという。真相は不明だが、少なくともキツネ狩りが原因で個体数が減ったわけではなさそうだ。

300年の伝統を誇るイギリスのキツネ狩りは、英国の王室や貴族などアッパー・クラスの嗜《たしな》みである。上品な感じがするが、「キツネ狩り」という言葉が〝婉曲表現〟と言ってもよいほど、実態はポジティブなイメージとはかけ離れている。

純粋に銃で獲物を撃ち殺すのではなく、猟犬の群れに執拗《しつよう》に追わせ、追いつめられて恐怖におののくキツネをよってたかってなぶり殺しにするのだ。しかもハンターはそれを馬上から見物し、最後にとどめの一撃を加える。

「馬上から見物」というスタンスは、イギリス軍がビルマの捕虜収容所で日本人兵士たちに行ったという仕打ちを彷彿とさせる。空腹に苛《さいな》まれた日本人捕虜に間接的に赤痢まみれの毒蟹を食べさせて全滅させたそうな。『アーロン収容所』という本によると、日本人捕虜が全員亡くなったのを見届けてから「日本兵は衛生観念不足で、自制心にも乏しく、英軍のたび重なる警告にもかかわらず、生カニを捕食し、疫病にかかって全滅した。誠に遺憾である」と上官に報告したという。直接手をくださないゆえに、より陰湿とも言える。

私見では、キツネ狩りは19世紀まで存在した熊虐《いじ》めや穴熊虐め、あるいはブルドッグの先祖をけしかけた牛虐めなどに通じる悪趣味な遊びだ。

犬をけしかけて、静かに暮らしている美しい動物をなぶり殺しにするのがどうして楽しいのかはさっぱりわからない。だが、そういうことが好きな人間が、英国人の、そして世界の人々の一部に存在するのは紛《まぎ》れもない事実である。

紳士の国の嗜虐《しぎゃく》行為

ちなみに、英語の語彙の中に「ル・ヴィス・アングレイ」（英国風の悪徳）という仏語表現があるが、それが「サドマゾ」を指すということを、日本の学校で習うことはおそらくないだろう。

残念なことに、闇では今でもキツネ狩りや穴熊虐めをやる輩《やから》がいるようで、時折、違反者逮捕のニュースが報道される。こうした動物虐待行為の結果、もちろん獲物は死傷する。特に穴熊の爪は鋭いようで、犬のほうも相当な怪我を顔面などに負う。犬好きとしては耐えがたいことだが、鼻が半分もげてしまっている痛々しい犬の写真を新聞で見たこともある。

だが、発覚して警察が動くのは稀だ。獣医に診せると警察に通報されるので、大半の負傷犬は手当てされることもなく、放置されて死に至る。今でこそ彼らは「犯罪者」と呼ばれるが、数百年にわたってそういった行為が〝紳士の伝統的スポーツ〟として容認されてきたという事実は変わらない。〝紳士の国〟と長年呼ばれてきた英国には、こうした側面があることも知っておくべきだろう。

もちろん、昔からキツネ狩りに反対する者はいた。たとえばアイルランドの文豪オスカー・ワイルドは「イングランドの地方都市に住むジェントルマンと称する者が馬に乗ってキツネ狩りにいそしんでいるが、食用に適さない生き物に対する非道極まりない行為だ」と言い残している。さらに、近年では動物愛護団体に限らず、キツネ狩りを問題視する人が増えている。

実際、10年ほど前から英国狩猟法で伝統的なキツネ狩りは原則として禁止されているが、適用除外項目が定められていて「全面禁止」とは言えない。しかも、狩猟好きのキャメロン前首相らが数年前から「害獣駆除」などの理由を掲げ、狩猟法を改正しキツネ狩りなどを解禁しようという動きがある。２０１５年の夏には、スコットランドなどの反対で棚上げになったが、今後の動向が注目される。

沈黙は金なのか

英国人に限らず、世界には捕鯨を残虐極まりない行為として日本を非難する人たちも少なくないが、我々はこうした矛盾や不条理といかに向き合うべきなのだろうか。日本人の美徳である沈黙を決め込むことがベストなのか。

キツネ狩りを理由に英国人を嫌いになる必要はない。ただ、ひとつ忘れてはいけないことは、世界には完璧な国も人種も存在しないという点だ。

沈黙は確かに金ではあるが、英国の思想家トマス・カーライルの「沈黙は金」という言葉は、「雄弁は銀」という言葉と対になっている点を忘れるべきではないだろう。つまり「雄弁」があってはじめて、沈黙のもつ潜在能力は発揮されるのだ。

グローバル化のうねりの中で、そろそろ我々日本人も議論を避けずに、日本のスタンスを明確に発信すべきステージを迎えているのではないだろうか。

22 沈黙の力こぶ

「沈黙は金なり」という言葉がある。元々はヨーロッパ生まれの表現だが、日本語として定着している。試しに知り合いの日本の人たちに、似たような表現をいくつか挙げてもらった。

「口は災いのもと」（俚諺《りげん》）
「言わぬが花」（俚諺）
「ことば多きは品少なし」（俚諺）
「もの言えば唇寒し秋の風」（松尾芭蕉）
「男は、飯、風呂、寝る」（俚諺）
「男は黙って×××ビール」（古いCMコピー）

後半の例は、伝統的男社会の臭いがぷんぷんする表現だが、要するに「余計なことを口にするとろくなことがないから黙ってろ」というニュアンスで理解されているようだ。

本当にそういう意味なのか？

初っ端から本書のテーマである「神話の毒抜き」に取りかかってしまうが、このなかに「沈黙は金」と同じ意味の言葉は一つもない。

日本では一般的に誤解されているが、「沈黙は金」の本当の意味は「黙っていることは良いこと」ではない。この言葉の前には「雄弁は銀」という重要な表現があって、二つは対になって初めて意味を成すのである。

〈Speech is silver. Silence is golden.〉

そう、この表現には「雄弁ができて、初めて沈黙の持つ恐るべき威力に意味合いがでてくる」というメッセージが込められている。弁が立つ人がTPOをわきまえて効果的に沈黙すると、よりいっそう議論に強くなるわけで、口下手、訥弁《とつべん》な人が最初から最後まで沈黙では、沈黙の力を発揮させることはできない。

「沈黙は金」の前提条件

ところで、もしあなたが最初から最後まで「だんまり」を決め込むと、欧米人はどのような印象を持つのだろうか？

試しに、欧米人の同僚たちに聞いてみたところ、次のような否定的な回答が返ってきた。

「興味を失っている、退屈しているのだろう」
「内容を理解していないのではないだろうか」
「こいつは何を考えているのかわからない」
「気味悪い」
「やる気がないのだろう」
「何の意見もないつまらない人間だ、相手にする価値なし」
「疲れているのだろう」

ただの沈黙は、「金」どころか、「禁」なのだ。「沈黙は金」という表現には「雄弁」「多弁」という前提条件が隠れている。前提条件を満たしていない人が沈黙しても相手には否定的な印象しか与えない。

それにしても、異文化コミュニケーションにおいて、日本人はなぜ沈黙しがちなのだろう？

「阿吽の呼吸」「腹芸」「以心伝心」といった言葉に象徴されるように、日本の場合「相手の考えを察する」ことができないと、「お前は言われたことしかできないのか！」「言われる前に察しろ！」と怒られる。

そうやって幼いときから鍛えられているので、非言語の世界でのコミュニケーション能力が非常に発達している。

一方、欧米人は、基本的に「言われたこと」しかやらない。もちろん、たまには察してもらえることもあるだろうが、察してもらえると期待しても、期待が裏切られ落胆することのほうが多いはずだ。むしろ「言われたことだけをするのが誠実さの証」と考えている節さえ感じられて、拍子抜けする。

とにかく「沈黙のなかで相手の感情を察することが美徳」という親切な社会・文化ではない。

黙契社会の掟

外国語の壁という要因ももちろんある。しかし、それ以前に人前で自分の考えを披露する訓練が欠けているのではなかろうか。

教育システムの違いとも言えるが、とにかく欧米人は子供の頃から家でも学校でも自分の意見をはっきり述べるように訓練される。

一方、最近では変わってきているだろうが、伝統的には「和を乱すな」「黙ってやれ」という管理教育方針のため、とにかく集団のなかで「没個性」を強いられてきたのが日本人である。

目立つな、目立つな。皆と同じが良いこと。自分の意見が人と違っていると（異見）、心もとなく感じる人も少なくないという。その結果、「変なことを言って白い目で見られるリスクを冒すよりは、黙っていたほうが得だ」という思考パターンに陥りがちなのだろう。

以上、簡単に「沈黙のＤＮＡ」をもつ日本人の心性を考えてみたが、コミュニケーション以前の段階ですでに「雄弁の訓練を受けてきた欧米人」と「沈黙の訓練を受けてきた日本人」という対立の構図がクッキリと浮かび上がってくるのがイメージできただろうか。

どちらもそれぞれの分野で相当鍛えられた大きな力こぶに誇りをもっている。だから、簡単には相手の土俵には上がろうとしない。ここまで違うと、分かり合えなくてもしかたないな、とさえ感じられる。

しかし、グローバル化のうねりがどんどん大きくなっていく以上、そうも言ってはいられない。違いに対して寛容な気持ちをもって、分かり合う努力を重ねていくしか、この差を埋めることはできないのだから。

ペルー生まれの人類学者カルロス・カスタネダはこんなことを言い残している。

「この宇宙には測り知れない、言語に絶する一つの力が存在しており、呪術師たちはそれを『意志』と呼ぶ。そして宇宙全体に存在する万物は例外なく、ある環によって意志に結び付けられている」

この世の真理というものは、もしかすると「言語」という意識の産物を超越した世界にあるのかもしれない。そして、日本人はそれを昔から知っていたのかもしれない。だとすると、「日本人、恐るべし」ということになる。

自虐的になるより、「ステイ・ポジティブ」でいたいものだ。

第4章
異文化の壁・男と女の壁

23 マンマ・ミーア

ノーベル賞作家ドリス・レッシング原作の『美しい絵の崩壊』という映画がある。舞台は、豪州の海辺の町。2人の中年女性は幼少期から親友同士で、20歳を迎える息子たちと近所で暮らしている。息子たちも親友同士で、お互いの母親は小さい頃から親同然の存在だ。

ある日、息子A（純愛系）が、親友Bの母親に告白し肉体関係をもつ。それに気づいたB（肉欲系）は、Aの母親にその事実を告げ「俺も同じことをしたい」と迫って関係をもつ。子供たちは成人しており、はっきりしないが、2人ともシングルマザーのようだ。であれば、法律的には問題はない。だが、幼馴染《おさななじみ》の息子で、自分の息子の親友でもある若者と一線を越えてしまうのは大きな葛藤を生む。

かくして、2組の不思議なカップルが誕生し、4人はしばしば至福のときを満喫する。だが、幸せは長くは続かない。まずBが、続いてAが若い女に惹《ひ》かれていき、結婚。異形《いぎょう》な関係は消滅したかのように見えた。

抑圧された欲求の陽転

シーンは何年も先に移る。それぞれの嫁と孫を加えた8人が、かつて4人が束の間の幸せを味わった浜でくつろいでいる。一見すると幸福な家族。だが、流れる空気は独特だ。嫁姑のテンション。微妙に意識し合う元恋人同士。誰も何もいわない。けれど、非言語の世界の心の葛藤が、圧倒的臨場感をもって迫ってくる。

夜になり、事件は勃発する。肉欲系Bは元カノであるAの母親と隠れて抱き合ってしまい、それを目撃したAが全員にばらしてしまう。純愛系が引いた崩壊の引き金。マイペースな肉欲系Bは、なんと結婚の数週間後に復縁していたが、Aの母親は親友（Bの母親）に言えずにいた。想像を絶する関係に度肝をぬかれた嫁2人は、怒り心頭に発して赤ん坊とともに出ていってしまう。

そして、深刻な表情の4人が海で日光浴している場面で映画は終わる。行き場のない〝今〟感が漂う無言のシーン。わたしには「決して綺麗ごとでは割り切れない、人間のナマの姿」

と「抑圧された欲求が、ようやく別の形で陽転していく予感」を暗示しているように感じられた。

2種類の日本の〝ママ〟

そんな余韻に浸りながら日本に目を向けてみると、まったく異なる景色が飛び込んでくる。「オジさまたちがママに甘えられる飲み屋があるのは日本だけ」という「ではの守」の主張は、表面的には正しい。アジア諸国にもこの種のバーは少なくないが、「お話するだけ」という〝お上品〟な店が無数にある国は稀だ。

客が水商売の女性店主を「ママ」と嬉しそうに呼ぶのも、たぶん日本人だけだろう。大別して2種類いる日本の〝ママ〟——①幼少期から子育てに没入し、男女の緊張感なく同居人化した夫と暮らすママ、②家庭の外のママ（たいていは飲み屋のママ）。フロイト理論はもはや古臭いかもしれないが、エディプス・コンプレックス（男児の母親に対する近親相姦チックな心理の抑圧）が、独特な形で昇華しているというのか。もしそうなら、なぜこのような形をとるのだろう。

その答えのヒントを、複数の友人から聞いた。例えば、大学アメフト部の試合に、黄色い声をあげて応援する母親たちが大挙してやってくるので、選手の彼女たちが〝ドン引き〟して応援どころではないという。「親」という漢字は、子が自立していく姿を「木の上に立って見守っていること」だと教えてくれているはずなのだが。

木から下りてきて、母子カプセルの守護神と化す母親について、頑強な体軀《たいく》の成人した息子が何の疑問も抱かないとすれば、それは何を意味しているのだろう。悪いのは母や妻ではない。〝外のママ〟でもない。それは、男性優位社会を支えるために不可欠だった「男の子は男の子らしく、女の子は女の子らしく」という呪文の存在であろう。

この〝らしさ〟という主観は、一体誰のものなのか？　近年、この呪文自体が忘れられつつあるが、現象を深掘りし「解毒」していくと、日本社会の深層部にある論理が浮かび上がってきそうだ。

社会という名の深海。わたしの「暗闇のダイブ」は続いていく。

24

痴漢車トーマスの苦悩

生まれてからずっと海外で暮らして日本に一度も住んだことがない知人の娘さんが、夏休みにお友達（女性）と東京の満員電車に乗った。通勤時間だったのだろう。真隣りに立っているお友達が自分の臀部《でんぶ》を触っているので不審に思った彼女は「……うん？　どうしたの?」と聞いたところ、「何のこと?」と聞き返された。

彼女にとって初めてのニッポン異文化体験「痴漢被害」だった。

父親として聞いていてメラメラと不快感が込み上げてきた知人は、その気持ちを封じ込めながら「それは大変だったね……」と言ってそれ以上聞くのをやめたそうだ。しばらくして、彼女はこう呟いたという。

「日本の友達に聞いたら、みんな痴漢の経験があるって言ってた。でも、『痴漢です』って叫んだら、この国では数日で警察から出てこられるので、仕返しされちゃうんだって。だから黙っていたほうがいい、って言われた。仕返しされたら怖いよ。

でも向こうでは、そんなことがあって黙って耐える女の子はいないけどね。一度、路面電車の中でアラブ系かインド系の男に触られたけど、すぐに女友達が『なにやってんの、この痴漢が！』と大声で怒鳴ってくれて、近くにいた知らない男たちがその男をつまみ出してくれたよ」

知人は咄嗟に「日本も同じだよ。必ず周りの男の人たちが助けてくれるよ」と言ったそうだが、一方で見て見ぬふりの人たちが少なからずいることは容易に想像できるし、本当のところどうなんだろう、と心もとなくなってしまったという。

確かに、「三猿」（見ざる、言わざる、聞かざる）は少なくない。それに「2日で出てこられる」は間違った風評だろうし、仕返しされる云々も想像に過ぎないはずだ。

見えないはずの柵が見えてしまう

この国の性風俗産業は一般社会から隔絶されておらず、誰でも利用可能な場所に国際的にみても安価な料金で提供されている。

こうした言わば「ガス抜き機能」（圧力調整弁）が存在するため、強姦などの凶悪な性犯罪が起きにくくなっているのではないかと想像している。

実際、統計上は日本の犯罪率は世界的に見ても突出して低いし、強姦などの重大な性犯罪率は欧米と比較すると著しく低い。また痴漢の場合、日本の年間発生数の統計数字は存在するが、そもそも日本の通勤ラッシュに相当するものが諸外国にはないので、痴漢件数の比較対象が見当たらない（ただし、「痴漢は日本特有の現象」というのは「ニッポン神話」であり、頻度の差こそあれ、諸外国にも存在する）。

だが、統計は必ずしも状況の全貌を正確に示すわけではない。日本人の「恥」の概念を鑑《かんが》みると、泣き寝入りして警察に届けない犯罪被害者も相当数存在しそうだし、軽犯罪とされる痴漢の場合、泣き寝入りする人はもっと多いことだろう。

日本の性風俗産業は諸刃《もろは》の剣だ。上述のように凶悪な性犯罪への抑止効果もあるのだろうが、一方で、一般社会との境界線がないため、未成年が簡単にそういう世界に足を踏み入れることができてしまう。

欧米の場合、性風俗産業のある地域に行くには「見えない柵」を越えていく必要がある。車で行かないとたどり着けないような郊外のさびれた場所にあったり、中心部であっても治安の悪いと言われる、足を踏み入れるには躊躇《ため》らいを感じるような場所にある。

つまり、心理的ハードルが存在し、未成年が足を踏み入れるのは容易ではない。

一方、日本の場合、一般人が普通に買い物をしている渋谷の道玄坂など都心のど真ん中でも、ちょっと裏通りに入れば性風俗産業のオンパレードで、そこには「見えない柵」は存在しない。また、競争が激しいため、価格破壊が進み、おそらく性感染症の温床になっている低価格店も少なくないはずだ。

普通の風貌のオタク

こういった点に加え、日本では「クールジャパン」などという不可思議な名のもと、アニメが日本の主要産業として世界に向けて発信され、「クール（恰好イイ）と諸外国で思われている」という報道もあるが、本当のところどうなのだろうか。

人口比でみるとごくごく少数のマニアにしか知られていないのに、それで「諸外国で人気がでている」と結論づけるのはいかがなものかと思われる。

わたしは必ずしもアニメを否定するつもりはない。日本の漫画の中には、哲学者ともいえるぐらい深い洞察のもとに書かれた作品も少なくなく、それらは芸術作品といっても過言ではない。一方で、アニメの意味するところの範囲は広く、一部は未成年者の劣情を不必要に煽る内容で大人としては歓迎できないものも少なからずある。

たとえば、先日、わたしはある製造業との商談のため十数年ぶりに秋葉原の街を訪れたのだが、その途中街を歩いていると、朝9時だというのに通りがかりのビルの前に若い男の子たちの行列ができていた。いわゆる「オタク」の風貌ではなく、清潔感のあるごくごく普通の男の子たちがほとんどだった。

目的はわからない。だがビルの入り口には、いたいけなアニメ少女が悩ましい顔でこちらを見つめる巨大なポスターが貼ってあった。おそらく、萌え系と呼ばれるソフトかその種のフィギュアが発売されたのだろう。

怪獣の卵の孵化器

国立社会保障・人口問題研究所の統計資料によると、「未婚男性の7割が交際相手なし。3割は異性との交際を望まない。4割は性交経験なし」とある。デジタル化の進展で今後ネットショッピングが主流になり、電話や対面の会話よりもスマホでのチャットが中心になり、ますます外に出なくなるとすると、部屋にこもってその種の健全とは言いがたいゲームに勤しむ若者が増えるのは好ましいこととは思えない。

そこになぜ政府は対応策を出していないのだろうか。教育現場も同じで、通学電車内の痴漢がそれほど多いなら、なぜ被害に遭った場合の対応について教員は具体的に指導しないのだろうか。

欧米にも、ペドフィリア（幼児性愛異常者）はいる。おそらく総人口に対するそうした異常者の割合は日本と海外でそれほど変わらないはずだ。だが、日本の場合、そういった予備軍を刺激するものが街中にあふれていて、何かのきっかけで予備軍が犯罪者に転じる蓋然性は諸外国より高いのではないだろうか。

「怪獣の卵の孵化器」のような環境が日本にはある、と言ったら言い過ぎだろうか。この点、読者の皆さんはどうお考えだろうか。

25 禁断の果実の味

毎年夏、メキシコのユカタン半島沖に、何十頭というジンベエザメの集団がやってくるスポットがある。大きいものは10メートル以上、20トンにもなる巨体だ。これまで何度も訪れたメキシコだが、夏に初めて、そのツアーに参加してみた。

スポットまで道のりは長く、外洋の波は荒い。ジンベエザメは西洋言語では「鯨鮫」と書くが、鯨ではない。あくまで鯨〝らしい〟ジンベエザメ科の鮫であって、鯨とは縁もゆかりもない。〝らしさ〟というのは、あいまいな概念だ。

安全な生き物とは聞いていたが、いざ海中で巨大な生物と対峙すると、一瞬、私は死を覚悟し、次の瞬間、生の喜びを体感した。実は、前回引用した『美しい絵の崩壊』もそうだし、下記の『枯木灘』も「生と死」（エロスとタナトス）をテーマにした文学作品だ。

「何も考えたくなかった。ただ鳴き交う蟬の音に呼吸を合わせ、体の中をがらんどうにしようと思った。つるはしをふるった。土は柔らかかった。力を入れて起こすと土は裂けた。（中略）さっきまで意味ありげになむあみだぶつともなむみょうほうれんげきょとも聴こえていた蝉の声さえ、いま山の呼吸する音だった」（中上健次『枯木灘』〔河出文庫〕河出書房新社）

中上健次の文章には、母なる大地との一体化に伴う主人公のエクスタシーを暗示する表現がちりばめられているが、世の男性の潜在意識下には「ママ」の胎内への回帰願望があるのだろうか。

「男らしさ」と「女らしさ」。いったいこの〝らしさ〟の正体は何か。欧米生活経験のある「ではの守」たちは、この問いの周辺に見え隠れする「男尊女卑」の概念を一様に「日本特有の現象」という。だが、それは本当なのだろうか。

たしかに「女の子は女の子らしく」「女は愛嬌」といった表現がこの国には伝統的に存在する。「女は子供を産む機械」といった大臣もいたし、人気女優が妊娠して休むと「稼ぎ時を逃した」と関係者に批判されることが少なくない。

エデンの園の謎

だが、『旧約聖書（創世記）』を紐解《ひもと》いてみると、キリスト教世界の価値観の根底に、男尊女卑的な側面が見えてくる。まず、神は男《アダム》をつくり、男だけでは寂しいだろうと、男の肋骨から女《イブ》をつくったという。禁断の果実を最初に口にしたのは女とされており、その後、男も女にそそのかされて、禁断の果実を食べてしまったそうな。そこには「女は男をたぶらかす存在」という偏見が見え隠れする。しかも、禁をおかした二人に神が課した罰は、男には勤労、女には「産みの痛みと妻として夫の支配下に一生置かれる」である。男への罰が軽いな、と感じるのはわたしだけだろうか。

少し前に、ホステスのアルバイト経験がある女子大生のテレビ局内定取り消し騒動が物議を醸したが、米国でも同じ結果になったと思う。違うのは、本音を巧みにオブラートに包んで処理する点だけである。そもそも米国という国は、「もっと厳格にキリスト教的価値観を追求しよう」という清教徒が英国から飛び出てつくった国である。その結果、米国は世界で最も敬虔《けいけん》なキリスト教信者が多い国となった。

性におおらかな国だった日本

聖母マリアの処女懐胎も、一部の男性の深層心理のあらわれなのかもしれない。日本ならびにキリスト教世界の男性が女性に求める「清廉潔白性」の根源は聖母マリアではないだろうか。実際、日本の男性の多くは、結婚相手にセックスの匂いを感じさせない「家庭的（〝ママ〟的）なもの」や「お育ち」を求めるようだ。

米国でも、保守的な州を中心に「性交渉は、子供をつくるための行為。快楽は求めるべからず」という人たちが少なくない。

そもそも、こういう一神教的で厳格な価値観は、多神教の日本には馴染まない。民俗学者の文献を読むと、平安から江戸時代までは、地域にもよるが、性におおらかな国だったことがわかる。『万葉集』を読んでいても、当時の日本人の性的おおらかさがうかがい知れる。

ところが戦後、日本的共同体が崩壊し、家族も核家族化し、上記の「欧米的なママ像」が間違った形で日本人に刷り込まれていった。それが今の「セックスレス家庭」や「ママさん飲み屋に通うサラリーマン現象」を引き起こしているといったら言い過ぎだろうか。

日本社会にさまざまな歪みが生じている今、そろそろ男女の関係についても「日本らしさ」を再構築すべきではないだろうか。もっとも、〝らしさ〟はあまり当てにならない概念なのだが……。

26 食事を共にする意味

少し前のこと、『クーリエ・ジャポン』主催の講演会で英国の文化と言葉について話をさせていただいた。熱意ある参加者に楽しんでいただけるよう、部分的に択一のなぞなぞ形式にしてみたが、その一つとして『うちにディナーにいらしてくださいね』と言われたら、どう解釈すべきか」という出題をした。①夕食のお誘い、②昼食のお誘い、③そもそも誘われていない（社交辞令）、という選択肢の中から選んでもらったが、正解は「どれも答えになり得る」――つまり、相手の階級や出身地、あるいは具体的な日程などの誘い文句が続くか否かによって、①〜③のどの意味にもなり得る――ので、皆さんいささか吃驚されたようだ。詳細については、拙著『イギリス英語は落とし穴だらけ』に譲るとして、今回は「食」にまつわる神話を紐解いてみたい。

食といえば、食の都シンガポールで使われる表現の一つに「マカン・オールレディ？」

がある。これはマレー語からの借用語で、表面上の意味は「飯食ったかい?」だが、本当は「ハウ・アー・ユー?(お元気ですか?)」に相当する挨拶表現である。

これに相当する表現はアジア言語に多い。中国語の「你吃飯了嗎(食事したか=元気か)」をはじめ、タイ語、ベトナム語など、ほとんどのアジア言語に存在するのだ。今でこそ使わないが、「飯食ったか?」という日本語も、一昔前までは、挨拶として交わされていたのではないだろうか。アジア人にとっての「食事」は、深層心理的に、健康をはじめ、人生がうまくいっていることのメタファーなのだろう。

「二人で食事」の期待値の違い

そのせいか、アジアの人たちは、他人と食事をすることに対する心理的バリアーが比較的低いような気がする。日本では、ちょっとした知り合い程度の男女が二人で夕食をとることは充分にあり得るだろう。だが、英米人にとって、レストランで男女二人が食事を共にすることは、原則として、特別なことであり、とてもプライベートなことである。

ここで言う「プライベート」とは、特に他人を自分のパーソナル・スペースに受け入れることに慎重な人が多い英米人にとって重要な概念であり、日本語のそれよりも深い意味をもつ。

このため、男女関係における最初のハードルである「食事を共にする」ことは、日本と比較すると相当高いハードルと言える。なぜなら、決して遠くない延長線上に「ベッドの共有」なども、意識的あるいは深層心理レベルの含みとしてあるからだ。

もちろん、世代間差異はある。だが、原則として、食事のハードルを越えさせてくれるということは、「次のハードルはそれほど高くない」という暗黙の了解と解釈される可能性が高い。

要するに、相手に対して異性としての関心がなければ、男女二人の夕食はまず成立しない。従って、現時点では明確な判断がつかなくても、そういう関係が「ありえない、絶対無理」という相手に対して「食事ぐらいなら、まぁいいか」と妥協して二人きりで食事をする英米人女性は、まず存在しないわけである。

このような異文化間の認識ギャップが存在するため、天真爛漫で、気軽な気持ちでネイティブから英語を学びたいだけの日本人女性と、「あわよくば……」という英米人男性の間には、よく誤解が生じてしまう。

前述の不文律を知らない日本人女性が、英米人男性から「食事に行こうよ」と誘われて気軽に快諾してしまうと、場合によっては著しい期待値の差が生じ、トラブルの原因になることは知っておいたほうがよさそうだ。

なお、わたしは「欧米人」という括りはめったにしないが、この不文律について言えば、程度の差こそあれ、欧米人全般に当てはまると思う。

気軽に承諾すると、相手に心の中で「脈ありだ」「しめたぞ」と思われる可能性がある以上、余計なトラブルを避けるためにも、まずは集団で食事に行かれることをおススメする。

同じ国の人間同士であっても、甘い期待が裏切られることは少なくないが、それが国境を越えると、状況は数倍複雑化する。

誤解が日常茶飯事の異文化コミュニケーションにおいては、きめ細《こま》かな期待値マネジメントは不可欠である。

27 告白の重さと軽さ

ヨーロッパで生まれ育ち、日本に一度も住んだことのない娘が、ある年、初めて日本の学校主催の海外夏合宿に参加したときのこと。参加者の1割は、娘のような日系人や両親が日米混合の子だったが、残りは全員日本から飛んできた、純日本的な中学生だった。

当初は「行きたくない」と嫌がっていたのに、2週間後に迎えにいくと、別れを惜しみながら、日本の新しい友達とハグしあって大泣きしている。落ち着いてから話してみると、驚くほど日本語が上達している。「既読スルー」などというスラングまで覚えてきており、親父のわたしは面喰らってしまった。帰りの飛行機で話してみると「結局、日本人も（自分が接してきた欧州人と）変わらないんだね」と感慨深げに言う。

「いつもそう言ってきたじゃないか」と言いかけたが、黙っておくことにした。それまでの娘は、「日本人とは合わない」「日本語は意味がない」の一点張りで、わたしも困り果てていた。ただ、「グローバル化のうねりに対応していくには、根っこの確立が不可欠だ」

という思いを、わたしはどうしても捨てきることができなかったのだ。

自宅に戻った彼女は、時差ぼけのなか、1万キロ離れた日本で同じく時差ぼけに苦しむ新しい友達と生まれて初めてLINEで会話を始めた。これまで見向きもしなかった日本の歌謡曲も聴き始めた。ネット中毒が悪化してしまったが、住んだことがなくても、自分のルーツである日本と向き合うようになってくれて、純粋に良かったと思う。


そんな中、ひとつ面白い異文化考察があったのでご紹介したい。

合宿に参加した男の子のなかには女の子に〝告る〟子もいたようで、そうした行為についての彼女の意見が印象的だった。いわく、「英国人も告白するけど、それって、まずは友達として仲良くなって、だんだんと恋が芽生えてようやく告白にいたるのに、日本人の男の子のなかには、まったく相手と話してないのに、突然告白する変な子がいて、本当に意味不明。それに告白といっても『付き合ってください』なんて、変な言い方は英国では誰もしないよ」「それから『女の子をからかう男の子の多くは、その子のことを好きである確率が高い』って女の子の友達から教わったけど、好きな子には最初から優しくしなかったら、英国ではまず相手にされないよ」などなど。

重さと軽さのシーソーゲーム

なるほど、文化の違いといえばそれまでだ。しかし、日本の文化を知るわたしには、自分の気持ちを悟られないよう、ぎりぎりまでポーカーフェイスを決め込む日本の男の子の気持ちもわからないでもない。

もっとも、それは自分が中学生だった頃の日本の状況から類推されるものであり、本当のところ、現代日本の若者にとって、男女交際を始める前の告白が、〝重い行為〟なのか、あるいはゲーム感覚の〝軽い行為〟なのかはよくわからない。

ちなみに、「重さ」と「軽さ」のどちらが肯定的かを考えた、古代ギリシャの哲学者パルメニデスが出した答えは、重さがネガティブで、軽さがポジティブだったそうだ。

そもそも「告白」という言葉には、懺悔とか殉教とか宗教的な臭いがする。実際、「告白」に相当する欧州言語の単語はどれも語源的には宗教的ニュアンスが強い。日本語のように「男女交際における告白」という軽い意味でも使わないことはないが、本来はお堅い表現であり、根っこにある第一義的な意味は「罪やミスを神に告白する（告解）」や「信仰告白」である。

もちろん、チェコの作家、ミラン・クンデラが、『存在の耐えられない軽さ』の中で喝破したように、「確かなことはただ一つ、重さ・軽さという対立は、あらゆる対立の中でもっともミステリアスで、もっとも多義的である」とすれば、重さと軽さを併《あわ》せ持つ「日本的告白」はミステリアスであってこそ自然なのかもしれない。

とはいえ、国際社会で〃意味不明〃という評価を受ける可能性が高いという点は知っておいて損はないだろう。グローバル化が進むなか、照れ笑いなど浮かべずに、堂々と外国人女性を口説く日本男子が珍しくなくなる時代が間近に迫っているのだろうか。

28 離婚率No.1の国

わたしが住むベルギーという国は小国だが、ある分野でランキング世界第1位に輝いたことが何度かある。

それは、「離婚率」だ。平均で10組に7組も離婚するという。昔から日本では、「離婚大国アメリカ」と言われているが（実際に離婚率約6割と高水準だが）、それでも米国は10位前後である。

ベルギーに限らず欧州の離婚率は軒並み高く、東欧を含め何ヵ国も10位以内にランクインする。一方、日本は極端に低いと思いこんでいたが、最近では20代、30代を中心に3組に1組は離婚しているそうだ。わたしが日本に住んでいた頃は、そんなに高くはなかったように思う。

思春期と思秋期の二重奏

そんな数字を眺めていたら、2007年に公開された、江國香織原作の『東京タワー』という映画を思い出した。この人の作品は、なぜかヨーロッパ的な雰囲気がする。大ヒット作の『冷静と情熱のあいだ』の舞台はイタリアだったし、『東京タワー』(映画版)でも最後に再会する場所はパリの橋だったが、そういう舞台設定のことを言っているのではない。

登場人物に流れる空気が「ヨーロッパ的」なのだ。

本稿では、わたしの言う「ヨーロッパ的」の意味を説明しながら、ヨーロッパ人と日本人を比較し、関連する神話の毒抜きを試みたい(言うまでもなく、例外は常にあるわけで、8割程度の人に当てはまる「総論比較」という点をご理解いただきたい)。

『東京タワー』のテーマは、若者と中年女性との恋愛だ。蓮實重彦《はすみしげひこ》氏の小説『伯爵夫人』のような複雑なプロットもなければ、凝った表現も使われない。むしろ、先に取り上げた『美しい絵の崩壊』という映画に近い(その分析については、136頁・第23項「マンマ・ミーア」と146頁・第25項「禁断の果実の味」をご参照ください)。

年の差がある人間同士が惹かれあうことに、男も女もない。

もちろん、国籍も関係ない。

未来に対する恐れをしらない若者は、いつの時代も大人に憧れ、背伸びをする。

一方、未来に対する恐れと人生の滓《おり》のなかで孤独と閉塞感を感じる中年は、〝汚れちまった自分〟を感じつつ、〝純粋だったかつての自分〟に回帰していく。

だから、（一部の）若者と中年は惹かれあうのだ……と思っていた。

0.1% vs. 10%

だが、黒木瞳演じる主人公はこう呟く。

「なぜ男と女が惹かれあうのか考えたことある？」

「たぶん、空気で惹かれあうんだと思う。性格とか容姿の前に、まず空気があるの。その人が周りに放っている空気。そういう動物的なものをわたしは信じてる」と。

期待と失望の、そして純愛と性愛のシーソーゲームを続けていく二人を何も言わずに静かに見守る東京タワーは何を暗示しているのだろう。

時は過ぎ、そのまま破局するかと思いきや、最後の場面で、何不自由ない暮らしと優しい夫を捨て、パリまで若者を追いかけていく女。

現実の世界で、この究極の選択をする人はいるのだろうか――。肌感覚の話だが、日本人なら0.1%、いやもっと少ないかもしれない。

一方、ヨーロッパ人、とくにラテン系欧州人なら、10%程度の人がこの選択肢を取るのではないだろうか。

この違いは何に起因するのか。

きっと、その答えのヒントが、先述の主人公の言葉のなかに潜んでいる気がしてならない……「動物的なもの」という台詞だ。もちろん、人間も動物（生き物）の一種だが、忙しい現代社会では、そんな当たり前のことも、ともすると人は忘れてしまう。

おそらく、先ほどの違いは、そのことを忘れていない、あるいは気づかぬふりをしない人の割合かもしれない。「本能的」と言い換えてもいい。たぶん、冒頭の離婚率の高さも動物的本能が関係しているのだろう。

いずれにせよ、日本では神話的に「ヨーロッパ人＝洗練された、理性の人」というイメージがあるが、そうとも言えないのだ。実際には、善し悪しは別として、日本人よりも「本能的な」人が多いように見受けられる。

動物ともスピード離婚？

「動物」がでてきたので、言語的観点から「本能的」という現象を俯瞰してみたい。

日本語と違って、スペイン語、フランス語、イタリア語、あるいはポルトガル語などのラテン語系言語は、ゲルマン語系言語よりも表現が豊かだといわれるが、興味深いことに侮蔑語で人間を動物に喩《たと》える表現が非常に多い。

動物との愛憎関係が言語にも表れているのだろうか。たとえば、スペイン語などの下町言葉で相手を罵るときに、比較級を使って「お前を産んだ母親よりも」という表現を使うことがある。日本語にするとわかりにくいが、「産む」という部分をあえて動物にしか使わない表現（「動物が子供を産む」という意味の動詞）にして、相手を愚弄《ぐろう》するのだ。

日本語にも「畜生！」「犬畜生じゃあるまいし！」といった表現はあるが、ここまで手の込んだ表現は見当たらない。

「お前の母親よりも」というだけでも相当な侮辱なのに（この程度であれば、日本語にも「お前の母さんでべそ」という表現がある）、「貴様の母親は犬畜生と同じ尻軽女で、そんな犬畜生から生まれた最低の存在が貴様だ」という意味を、たった一つの特殊な動詞を使うことで老獪《ろうかい》に相手に伝えるとは、これまた「ヨーロッパ的」といえそうだ。

わたしがいう「ヨーロッパ的」には「矛盾だらけ」「不条理に満ちた」という含みもある。ヨーロッパにはペット愛好家や動物愛護団体も多いので「動物好きな社会」という漠然としたイメージをもっている人が日本には少なくないようだが、実際はそうとは言い切れない。

たとえば、バカンス後に待ち受けている、犬をはじめとするペットの受難は、犬好きのわたしとしては耐えがたい現実だ。

日本などではいっさい報道されないが、ベルギーをはじめ欧州諸国では、休みが終わると大量の犬や猫が捨てられ路頭に迷い、市当局に捕獲、駆除されるという悲しい現実がある。

「動物を飼うことの責任」など考えもせず、ただ本能のおもむくまま飼いはじめ、気ままに飽きて、気ままに捨ててしまうのか。配偶者とのスピード離婚のみならず、ペットの遺棄（置き去り）も〝本能的〟な行為なのだろうか……。

離婚率の話から犬の遺棄の話になってしまったが、実は日本人の強みを間接的に書いていたつもりだ。

本能を司る原始脳（大脳辺縁系）と理性を司る脳（大脳新皮質）が常に言い争っているのが人間の本質だが、日本人は伝統的にその行司役が上手い。世界のなかで、突出して上手いと思う。

そういった意味で、より〃本能的な〃民族が多く、ますます混迷を極める世界のなかで、日本人の強みを世界秩序の維持に活かし、リーダーシップを発揮していくべきではないか、などといったら大袈裟だろうか。

ジョン・レノンの『イマジン』ではないが、わたしは夢想家かもしれない。だが、そう思うのは自分一人じゃないと思う。

29 『東京ラブストーリー』とは何だったのか？

日本行きの飛行機の中で、バブル後期にヒットした昔の月9ドラマを観た。『東京ラブストーリー』、略して『東ラブ』（注：ちなみに日本人特有の短縮形を好む傾向は世界的にみると突出している。この点については、83頁・第14項で深掘りしてみた）。内容を知らない読者もいるであろうから、簡単にあらすじを書いておこう。

主人公は4人。まず、高校時代のマドンナ的な存在だった「セキグチ」（有森也実）。職業は、昭和的〝良妻賢母〟の象徴である「保母さん」である。この人は、さまざまな場面で頻繁に出てくるのだが、一瞬「失語症」かと思えるほど、台詞が短い。性格の悪い人ではなさそうだが、「……ううん」「……。」と、呻きとも沈黙とも見分けのつかない不思議な〝台詞〟が繰り返される。

「もの言えば唇寒し」は企業社会だけの掟ではなかったのか……。とにかく、何だかんだ言いながら（いや、むしろ何も言わずに）自分の主張を通していく……。というより、沈黙と涙のなかでいつの間にか主張が通ってしまう。最近の政治ニュースでよく使われる「忖度」の世界なのだろうか。

ビミョーに均衡する三角関係

彼女を取り巻く2人の男友達は、ともに初恋の相手がマドンナ・セキグチのようで、いまだに彼女への恋心を心の奥底に秘めている。実直だが優柔不断な性格の「カンチ」（織田裕二）と医者の卵の遊び人「ミカミ」（江口洋介）は、それでも堅い友情で結ばれている。お互いに遠慮しながらも、一方で諦めきれない、ビミョーな均衡の上に成立する三角関係。むろん、そんなバランスは、ちょっとしたことで、いとも簡単に崩れ去ってしまう。

そうこうしているうちにセキグチとミカミは付き合いはじめるのだが、ミカミの女癖はなおらない。潔癖な良妻賢母セキグチは、涙、涙の演歌チックな〝可哀想な女オーラ〟を出しながら、じわじわと相談しやすいカンチに依存していく。

一方、優柔不断なカンチは会社で知り合った直球しか投げてこない、帰国子女の「リカ」（鈴木保奈美）に翻弄されつつ、やがて付き合いはじめるのだが、結局、言葉少なげに心理的に依存（いや、むしろ支配）してくるセキグチを最終的に選んでしまう。

補色効果の中であぶり出される世界

さて、このドラマを初めて観た当時20代のわたしが感じたのは「結局、男は守ってあげたいと思う女に惹かれるのだろうな」という一点だった。

だが、中年となったわたしには違うものが見えてしまう。いろいろな思いが脳裏をよぎったが、特に強く感じたのは「日本的共同体の揺らぎ」だった。どういう意味か、説明してみよう。

このドラマは、真逆のステレオタイプを組み合わせて補色効果を出している点では、古典的だ。田舎と都会。沈黙と雄弁。安堵と緊張。堅物とチャラ男。良妻賢母と自由奔放女。優柔不断と即決、などなど。

けれど、本当のところ、人間や物事の本質は、目に見えるものとは違っていることが少なくない。

バブルの余韻を楽しんでいた当時の男性視聴者が感じた「守ってあげたい、か弱い女、セキグチ」は、本当はもの凄く頑固で、強い女なのだろう。そして、典型的な日本男児カンチはそういう母のような強い女性の掌で転がされる快感に抗えない。

善し悪しは別として、日本人男性のざっくり8割の人にとって、理想の女性は、結局、この女性のようにいろいろな意味で母親的な人物なのだろう。

ステレオタイプへの挑戦

本書「マンマ・ミーア」（136頁・第23項）と「禁断の果実の味」（146頁・第25項）でも深掘りしたが、このドラマには、日本的な「男らしさ」「女らしさ」のステレオタイプが随所に散りばめられている。「男の子は男の子らしく」「女の子は女の子らしく」……そんなマントラを聞かされて育った原作者の女性は、このドラマを通して、〝らしさ〟という漠然として捉えどころのないステレオタイプに秘かに挑戦していたのかもしれない。

もちろん、そうしたステレオタイプの守護神は、いうまでもなく「昭和的・日本的共同体」である。時代的に父親不在家庭が多かったこともあり、多くの家庭における守護神といえば「マンマ・ミーア」（おふくろさん）に他ならない。飲み屋のマネジャーがいまでも「ママ」と呼ばれるのは、その名残りに違いない。その意味で「セキグチ」も「マンマ・ミーア」を表象している気がした。

一方、「リカ」は何を表象していたのだろう。まず、純粋に男女関係のコンテキストだけで論じるとすれば、本当にか弱くて守らなければならないのは、一見すると強そうに見えるリカのほうだろう。

帰国子女の多くは強いわけではない。むしろ、幼少期に自分の意思とは関係なくぶちこまれた不条理の世界で孤軍奮闘した人が多く、タフであると同時に、とても繊細な人が多い。もちろん、自分の中で長年にわたって哲学をしてきたから、沈黙よりも言葉を大切にする人が少なくない（詳細は72頁・第13項『帰国子女』は傷ついている」にゆずる）。

そんな人を、そもそも圧倒的に人生経験が不足しており、言葉の力をあまり理解していない、素朴で朴訥《ぼくとつ》なカンチが支えきれるはずもないのだが、対照的な2人だから惹かれあったという側面もあるのだろう。

一説によると、「リカ」のモデルは『ティファニーで朝食を』の主人公ホリーだそうだが、明らかに幼少期の複雑な闇を抱えているホリーに対し、リカは、純粋に日本社会に馴染んでいないタイプで、精神病理的な心の闇はあまり感じられず、その意味では似ているとは言い難い（蛇足だが、この映画でホリーを演じたオードリー・ヘップバーンは、国籍は英国だが、生まれ育ったのはベルギーである）。むしろ、彼女が表象していたのは、「新しい価値観」であり「異文化の世界」ではないだろうか。

昭和的共同体の揺らぎ

そろそろ、本稿の題目である「東京ラブストーリーとは何だったのだろうか？・」に答えよう。そう、先ほども触れた補色模様の中に本質が見え隠れするように、男女関係のコンテキストに拘泥せずに、違う側面から考えてみると、まったく別の景色が見えてくる。

そして、「リカ」「セキグチ」「カンチ」「ミカミ」の関係が、もしかするとある種のメタファー（暗喩）だったのではないか、と思うにいたった。

幼馴染の3人と突然現れた「不思議ちゃん」リカとの関係は、当時まだ日本語にさえなっていなかった「グローバル化」の小さなうねりが生まれつつある中で、崩壊していく日本的・昭和的な「共同体」を暗示していたのかもしれない。もちろん、セキグチはその中心にいる共同体の守護神「マンマ・ミーア」（おふくろさん）である。

バブル崩壊に伴う、昭和的時代精神（ツァイトガイスト）の〝揺らぎ〟があのドラマの中心的テーマだったといったら、大げさすぎるだろうか……。機会があれば、著者に直接聞いてみたいと思う。いずれにせよ、百聞は一見にしかず、このドラマを観たことがない方はネットでご覧あれ。

第5章
21世紀の日本人像をさがす旅

30 アリのままで

この夏、何の計画もなく久々にジャマイカのモンテゴベイを訪れた。ある晩、ホテルの部屋でラム酒をこぼしたらしく、翌朝、枕もとで蠢《うごめ》くアリの大群に度肝を抜かれた。

アリの行動を観察すると、3つのタイプに大別できる。20％の「よく働くアリ」。20％の「遊ぶアリ」。そして残り60％の「その他大勢・普通のアリ」。昆虫行動学者によると、20％の「働くアリ」だけで集団を作っても、いつの間にか元の20：20：60に戻ってしまうという。

一方、ものを運ばないので一見すると遊んでいるように見えるアリも、集団には欠かせない存在だ。ふらふら移動しながら、食物の所在を確認し、危険を事前に察知するための環境情報を集めている。興味深いことに、「遊ぶアリ」だけ集めて集団を作っても、いつの間にか20：20：60に戻ってしまうそうな。

旅を通して得られるもの

人間のことをホモ・サピエンス（知のヒト）という。おそらく日本で最もよく知られているラテン語だが、わたしは別バージョンのほうが好きだ。「ホモ・モビリタス」（移動するヒト）と「ホモ・ルーデンス」（遊ぶヒト）。今回は、この二つの言葉を頭の片隅に置きながら、旅と遊びについて考えてみよう。

大学への入学予定者や卒業者が、旅をしたり趣味に没頭したりするために、1年ほど入学や就職を遅らせる期間をギャップイヤーという。もともと英国で始まった慣習だと思うが、日本でもそうやって視野を広げようとする学生が出てきたことは、素晴らしいと思う。わたしの場合、バイトと旅に明け暮れていた大学4年間が「ギャップイヤー」だったといっても過言ではないのだが、そのお陰で今があると思っている。

人は、旅を通して「知」に近づく。想定外のアクシデントの連続で、理不尽な扱いも受ける。貧困をはじめ、日本ではありえないような社会のひずみを目《ま》の当たりにする。そういう経験を通して、自分や自国を相対化できるようになると、社会に出てからもさまざまな局面で、自ら問題を設定し、解決できるようになる。

つまり、戻ってきたときに、それまでとは違う人間になれるのが旅の本質だ。

8割は頑張らなくてもいい

受験勉強を一生懸命やって、高校や大学入学後は部活一筋で、卒業後も仕事一筋、旅は定年後の愉しみ、というのも一つの人生であろう。それができる人は素晴らしいし、人それぞれ価値観は違っていい。だが、そこに見え隠れする「誰もが頑張らなければならない」という一元的価値観に歪みと疼《うず》きを感じる。「欧米は熾烈な競争社会」と言う「ではの守」を見かけるが、2割の「働きアリ」の話を一般論化しているに過ぎない。

ヨーロッパもそうだが、成熟社会では、8割の人、つまりマス（一般大衆）は頑張らない。平気で、飽きる、サボる、休む、諦める、逃げる。それでも社会は回っている。どっちが良い悪いの議論ではない。大切なのは、日本がもはや発展途上国ではない点だ。多様性や多元的価値観に対して寛容な社会に変わる時期を迎えているのではないだろうか。休んだっていい。飽きたっていい。怠けたっていい。頑張らなくてもいい。日本の学生生活は楽だと言われるが、それでいいではないか。皆と一緒に就活しないでギャップイヤーをとったっていい。

まぁ、いいか。ノープロブレム。頑張るのは2割の人だけでいい。それでも日本の人口からすると2500万人にもなるのだから。多様な人たちの多様な価値観を否定しない社会。非罰《ひばつ》的な社会。それが成熟社会の証ではなかろうか。「人間の本質は遊びである」と喝破したオランダ人歴史学者のホイジンガは、著書『ホモ・ルーデンス』のなかで、我々が気づいていない秩序を「遊び」が創っていると指摘している。

ギャップイヤー導入議論が始まったのは、もしかすると「誰もが頑張る社会」だった日本が「遊び心」の大切さに気づき、少しずつ変わり始めたことの現れなのだろうか。「知」よりも「遊び」。遊びは秩序そのものなのかもしれない。さぁ、みんな、旅に出てみよう。

31 片目の王様の微笑

出張続きからくるストレスのせいか、週末に寝込んでしまった。熱に浮かされながら、本書のテーマに関連して「知と教養」について考えてみたが、さらにストレスが増してしまったようだ。

日本ではあまり知られていないが、ストレスという言葉の生みの親は、20世紀初頭にオーストリア＝ハンガリー帝国で生まれたハンス・セリエである。今や、ストレスは世界中の言語に浸透し、最もグローバルな単語の一つとなっている。

セリエ博士が医者を目指したのは、裕福な貴族だった父親に影響を受けたからだという。彼の父親は、第一次大戦で母国が壊滅状態に陥った際、全財産を失ってしまう。この経験を踏まえ、「墓場までもっていけるものがホンモノの財産である」とセリエに説いたという。無形の「知」に、有形の資産よりも価値があることを誰よりも熟知していたのであろう。

まずはやってみなはれ

ここでいう「知」とは何か。情報化社会の進展により、「知識」の価値は急速に低下している。誰でもインターネット等で国内外の膨大な情報にアクセスできるからだ。ただし、鵜呑《うの》みは危険である。バーチャル世界の大海原には玉石混淆の情報が転がっており、情報陳腐化スピードも速くなってきている。人間が「鵜」ではない以上、真贋を見極める力を身につける以外に道はなさそうだ。

それでは、どうしたら「健全なる猜疑心」(目付け)を養うことができるのだろうか。

大切なのは、文字などの視覚情報だけに頼らず、五感を用いて実践躬行《きゅうこう》してみることだ。まずは、やってみなはれ。たとえうまくいかなかったとしても、失敗から学ぶことで、確実に「知」に近づけるだろう。わたし自身、以前、インドの友人に誘われ、南インドで不動産投資に挑戦してみたのだが、思ってもみなかった問題に直面し、困り果てたことがある。結局、高い授業料を払う羽目になったが、それまで見えなかったものが確実に見えるようになったと思う。

「目の見えない人たちの国では、片目の男は王様だ」という欧州の古い諺《ことわざ》があるが、〝両目をつぶっている自分〟をまずは認識し、片目だけでも見えるよう努力を重ねていくことが、「知」への近道といえるだろう。

知の先にあるもの

ただし、知の先にある「教養」という言葉の指す世界はもっと深遠で、愛や幸福感と密接につながっている。情報の真贋を見極めアクションを起こし、成功や失敗から学ぶのは大切だが、哲学することなくして教養を身につけるのは困難であろう。「人生とは何か？」「生と死とは何か？」「人間とは何か？」を考え続けると、幸せに一歩ずつ近づいていく。

人は、人と人のつながりの中でしか生きられない。価値観の違う人たちが混在する世界に暮らしている以上、人を知らなければ、決して幸せにはなれない。人間という複雑な存在について沈思黙考することで、人は〝ちっぽけな自分〟に気づき、我執《がしゅう》から解放される。寛容の心が生まれ、人間愛の世界に近づいていく。

本書の第23項で『美しい絵の崩壊』という映画を紹介した理由もそこにある。ともすると、我々は多様な価値観をもつ人々が暮らす世界の住人であることを忘れ、二分法と排除の論理に支配されてしまう。しかし、この世界の住人である以上、自分とは異質な人たちに対しても、寛容の気持ちをもって接することができるようになることが、教養への第一歩といえるのではないだろうか。

教養とか人間愛というと大袈裟にひびくかもしれないが、身近な例では、一生つき合っていける友人をもつことだともいえるし、地球人として何ができるかを考え行動することとも解釈できよう。

「墓場までもっていけるものが財産」というセリエの父親の言葉は深い。各々が置かれた状況によって、この言葉の意味は変わってくる。それを考え続けることが、きっと「学ぶ」ということの本質的な意味であり、もっといえば「人生」の意味といえるかもしれない。

青空の広がるブリュッセルで、ふとそんな感慨にとらわれた。

32

『下町ロケット』に見る日本らしさ

今回は、テレビドラマから異文化考察を導いてみたい。

『下町ロケット』というドラマを日本に向かう機内で観た。後半、ロケット開発技術を応用して、人工心臓弁の開発プロジェクトが始動する。

「命に関わるものを作る以上、少しでも不安があるなら、人体に使うべきではない。我々技術者は常に100％の成功を目指して研究開発すべきだ」という主人公の主張に対し、競合企業の社長の主張は「6割の人が助かる医療機器は絶対に使うべきでないと言い切れるのか？　それを使わなかったら、6割の人は死んでいくんだぞ。それでも『ノー』でいいのか？　そんなことをしているから日本は世界の先頭集団から遅れるのだ」と真っ向から対立する。

このやりとりを見ていて、以前通った大学院での哲学の授業を思い出した。

「病院で7名の入院患者が緊急の臓器移植を必要としている。そこにたまたま、健康な男が現れた。医者はその男を犠牲にし、彼の臓器を使って7名の命を助けるべきか？」

これには誰もが「ノー」と答える。

しかし、次の問題でわたしは英国人教授からのこんな投げかけに考えこんでしまった。そして、わたしを除く全員の答えが「イエス」だったことに衝撃を受けた。

参加者はわたし以外、全員、欧米人だった。

「トロッコが暴走している。１km先にある一方の線路には7名が、他方の線路では1名が作業をしていている。誰もトロッコが向かっていることには気づいていない。あなたの目の前には、7名の作業員に向かってトロッコの進路を他方に切り替えるスイッチがある。そのボタンを押すべきか。なお、トロッコを止めたり、作業員を移動させたりする手段はないと仮定する」

わたしは「人の運命を変えるのは神の領域で、わたしにはその権利はない。スイッチのボタンを押すことで、即死する蓋然性の高かった7名を救い、本来事故に巻き込まれることのなかった1人の作業員を犠牲にすることは、わたしにはできない」と答えた。

もちろん、正解のない質問である。

だが、実業界で活躍する参加者たちは、わたしの主張を理解できない様子だった。基本的に、彼らの主張は英国の哲学者ベンサムが提唱した「最大多数の最大幸福」という考え方（功利主義）に基づくものである。

わたしの主張を「カントの義務論」に近いのでは、と教授は言ったが、それも違う気がする。

義務云々の話ではないからだ。

ちなみに、わたしは毎年2回ほど日本の高校3年生にボランティアで特別講義をするが、ある有名私立高校でこの問いかけをしてみた。

そのときは、日本的といえば日本的なのだが、明確なポジションを取る生徒は少なかった。それでもやはり「押さない」と答えた生徒が多かった。

モラル・ジレンマの奥深さ

この「トロッコ問題」はマイケル・サンデル『ハーバード白熱教室』でも有名だが、多くの変型バージョンがある。

たとえば、飯より車が好きな人が、定年直後に貯金と退職金をすべてつぎ込んで買ったばかりの、命の次に大切なランボルギーニ・ウラカンを線路上に駐車してあった場合、答えは変わるのか？　子供が線路上で、一人で遊んでいたら？　子犬だったら？　あるいは、線路のスイッチ切り替えではなく、橋の上から暴走列車を発見し、隣にいる体重200kgの他人を突き落とすこと以外に列車を止める方法がないとしたら、その人を突き落とすか……？

7人を見殺しにするのか？　1人を犠牲にするのか？　子供だと答えは変わるのか？……エトセトラ、エトセトラ。

欧米人、とくに英米には、What if……？（もし×××だったら、どうするか）であらゆる可能性について詳細なシナリオ分析をすることに長《た》けた人が多い。

これを「くだらない机上の空論」と一蹴するのは簡単だ。だが、程度の差こそあれ、実生活でもこの種の倫理的ジレンマに陥ることは決して少なくない。

殺人に焦点を当てずに、「危害」「不幸」と言葉を置き換えてみるとイメージしやすいだろう。

冒頭で触れたドラマに出てくる競合企業の社長は米国帰りの研究者で、まさに「8名全員を救えないのであれば、7名を救うために1名を犠牲にするのはやむを得ない」という考えの持ち主だった。

脚本家が意識していたのかは不明だが、欧米流・功利主義の権化としてのキャラクター設定だったといえるかもしれない。

功利主義の闇

先述の問題の哲学的論点は「命の重さ」「直感的な道徳判断の妥当性」「意図的危害と、意図せぬが予見可能な危害」「個人と社会の幸せ」などだが、ここですべてを深掘りするスペースはないため、「意図と予見」だけ簡単に説明したい。

カトリック教会の伝統的な視点に「二重結果の原則」というものがある。「意図した危害」と「予見されるが意図しない副次的危害」を明確に区別し、「意図せぬ結果については責任を問わない」とする考えかただ。

たとえば、母胎に危険がある場合でさえ、カトリック教会では中絶を認めない。胎児を殺すことは「意図的な殺人」だが、中絶しなかった場合の母親の死は仮に予見できても「意図せぬ二次的不幸」である、という理屈だ。

実際、戦争や大災害ではこの「二重結果の原則」や功利主義に基づいて意思決定をする欧米人の指揮官が少なくないようだ。

おそらく、日本への原爆投下もこのような視点、つまり「敵国日本の一般市民犠牲者は予見されるが、それは我々の意図ではない。これ以上の米国人犠牲者を出さないために、原爆投下は正当化される」という理屈だったのであろう（実際、そう主張する米国の知人と議論したことがあるが、議論は平行線のままで、やはり分かり合えない部分があるのだ、と結論づけせざるを得なかった）。

ちなみに、功利主義的な考えかたをする人と、そうでない人とは、脳の使いかたに著しい差異があるという医学的研究もあるそうだ。

だとすると、日本人と欧米人では脳の部位のバランスや活性化傾向まで違うのかもしれない。同じ人間でも、ここまで違うとすれば、世界の諸問題が容易に解決されないのも分かる気がしてくる。

先人の「誇り」を取り戻せたら

冒頭のドラマ『下町ロケット』の話に戻ろう。

正直、自分でも驚いたのだが、和僑のわたしは、このドラマの主人公に心底共感した。不器用な、こてこての日本人である技術者。決してぶれない「誇り」に支えられ、飽くなき探求心と滅私の精神で完璧をとことん目指す、こういう技術者たちが「モノづくり」を伝統芸のレベルまで磨き上げ、縁の下の力持ちとして日本の高度成長期を牽引していったのだ。

その意味で、日本人の強みは「(所属集団への)誇りと愚直さに支えられた集団芸」にあり、少数の天才の個人芸に重きを置き、功利主義的判断に基づく意思決定を合理的に行う欧米型とは本質的に異質といえるのではないだろうか。

たとえば、組織において欧米型の人事制度をそのまま持ち込もうとしても、なかなかうまくいかないのは、そもそも水と油のように交わらない文化的差異が頑固に邪魔してくるからであろう。

「グローバリゼーション」という流行語に踊らされて、本質的な違いを理解していない外国人経営者を連れてきても、負けに不思議の負けなし。結果は明らかである。

以上、ドラマの中の議論を深掘りしてみたが、倫理的ジレンマと向き合うときでさえ、「異文化の壁」は我々の前に立ちはだかる。

世界人口膨張とグローバル化に伴う諸問題――たとえば、水・食料・燃料等の資源枯渇、環境汚染、貧困、テロリズム、移民・難民問題など、「地球人」レベルの倫理的かつ実務的諸問題の解決を考える際、議論する相手の思考の癖を理解しておくと、より効果的な問題解決ができるかもしれない。

33

世界の中心で「音姫」を鳴らす

以前、わたしのメンター（師）からこんな話を聞いた。ベトナムなどの田舎町では、トイレが完備されていない学校も少なくない。このため、生徒は野原で自然現象の対応をするしかないという。年頃の女の子にとって、好きな男の子を含めた異性の間近で用を足すのは「屈辱的」という言葉では表せないほど辛いことであろう。その結果、学業を諦めて働きに出る女生徒が後を絶たないという。

「貧しくて学校にいけない」ではない。「恥ずかしくて学校にいけない」のだ。

何ともいたたまれない気持ちになるのは、わたしだけだろうか。

命を守るトイレ

ある意味、トイレは神様だ。人の命を守ってくれるからだ。厳しい環境の国に行くと、トイレ未整備のために、学業を諦めるどころか、命を落とすことさえある。

実際、全世界では10億人近い人たちが野外で用を足さざるを得ない生活環境にあり、その結果、井戸などで病原菌汚染が発生し、5歳未満の子供たちが日々平均800人以上亡くなっているといわれている。

そんな中、師の会社では先進国でトイレを一つ売るごとに、途上国向けの簡易トイレを一つ寄附するなど、世界中で積極的にトイレの普及に取り組んでいるという。実に素晴らしいことだと思う。


一方、下水道が完備され、おそらくトイレのない学校などほとんど存在しない我が国で、なぜかいまだに「恥じらい文化」に過度に翻弄される人たちがいる。

日本独特の傾向として、水を何度も流して消音する女性が少なくないという点は把握していたつもりだったが、近年はトイレ用擬音装置の普及で実際に水を流して消音する人は減っているようだ。世界的に節水型トイレが主流になりつつある中、擬音装置の普及は画期的な発明であり、枯渇する水資源の観点からは良い傾向といえるだろう。

伝統的な「恥じらい」文化

こうした擬音装置は、江戸時代に遡るという説もある。

当時の日本のアッパークラスの家の便所には「音消し壺」なるものがあったそうで、それが現代日本のトイレ用擬音装置の普及につながっているとすれば、伝統のうねりの中で必然的に生まれてきたとも解釈できそうだ。

一方で、そもそも「排泄音は自然現象であり、恥ずかしいことではない」と感じる人々も世界には少なからずおり、そうした擬音装置は世界中でニーズがあるわけではない。日本独自とはいわないが、世界的にみると自然現象(排泄音)を気にするのは少数派といってもよさそうだ。

伝統的に日本には「恥じらい」の文化があった、という識者もいる。米国人文化人類学者のルース・ベネディクトは欧米的な「罪の文化」と日本的な「恥の文化」を対比させた。わたし自身、幼い頃、よく母親に「人様に笑われますよ」と言われた。もちろん、あれは道徳的・倫理的な意味での「恥」だとは思うが、もしかすると消音文化における羞恥心の「恥」と重なる糊代があるのかもしれない。

〝音姫男子〟の苦悩

そうは言っても、〝音姫男子〟の便秘が増えていると聞くと、考えさせられてしまう。おそらく一部の話が誇張されているのだとは思うが、擬音装置のない学校ではトイレにいけず、便秘になる男の子が増えているのが事実だとすれば、わたしは絶句せざるを得ない。決して批判をしているわけではない。ただ、わたしにわからないのは、名著『武士道』で「廉恥心《れんちしん》は少年の教育において養成せらるべき最初の徳の一つであった」と喝破した新渡戸稲造博士が、現代の〝音姫男子〟の苦悩を知ったらどう思うか、という点だ。

いま、この瞬間に、世界のどこかで、恥じらいの中で学業を諦めざるを得ない女の子がいる。恥じらいと病原菌の中で命を落とす子供がいる。日本も一昔前は上下水道ともに整備されておらず、現在の途上国に似た状況にあった……。

21世紀のいま、世界の中心は欧米からアジアに移っている。そのアジアの中心にある日本で、日本男児はここに記したようなトイレを取り巻く世界の状況について「知らない国のこと」として無関心を決め込んでいいのか。

音を気にしたっていい。でも、本当に知らんぷりでいいのか。

義を見てせざるは勇なきなり。地球人として成熟国に住む者には、すべきことがあるのではないだろうか。

豊かさがもたらす副産物は、人を哲学的な気分にさせる。

34 紙に回帰するのか、デジタル・ネイティブよ

右上がりの成長を続ける日本の電子書籍市場の成長を牽引しているのは漫画だが（これは世界的に見ても独特の現象だ）、雑誌も重要だ。

そんな中、たまたま目にした英国の新聞記事が興味深い最近の出版業界の傾向に触れていた。てっきり世界的な紙離れの傾向は不可逆的で、電子化が着実に進んでいるのだと思いこんでいた。だが、電子書籍の売上減少や、紙の書籍売上増加など、若者を中心とする読者の「紙への回帰」を示唆する数字が目立ってきているという。ちなみに、これは英国のみならず、電子書籍先進国の米国でも同様のようだ。

熟年層が紙を選好するのは想定内だが（ただし、老眼で字の大きさを変えられる電子書籍を好む人は一定数いる）、若者が紙に回帰しているとすれば、それはいったいなぜなのか。

記事では「デジタル疲れ」（いつも携帯いじりで忙しいため、ひと休みする安堵手段として紙を選好する）、「所有欲・触覚刺激欲」（保有したい、実際に手で触れたい）、そして「機器の問題」（物

理的にかさばる）などを挙げて理由づけしていたが、真因はどこにあるのだろう。

漫画がくれたヒント

偶然にもその答えのヒントを、日本の電子書籍市場を牽引する主席ドライバー、「漫画」がくれた。ただし、漫画に詳しい読者の方々を前に、漫画を語るのはおこがましいこと極まりなく、実際読んだことがある作品は数えるほどしかない（『銀河鉄道999』『ブラック・ジャック』『熱笑!! 花沢高校』『サンクチュアリ』『寄生獣』）。

だが、限られた経験からでも言えることは、日本の漫画家の中には、哲学者や社会学者としても大成したであろう洞察力の突出した人たちが少なからずいる点だ。そして、先述の「若者の電子書籍離れ」の記事を読んだとき、不思議なことに『銀河鉄道999』の始まりの場面を思い出した。

テクノロジーの粋を集めて機械人間たちが作った宇宙列車が、デゴイチ（旧式蒸気機関車）のような形状をしていることに疑問をもった主人公の鉄郎少年。憧れの列車を初めて間近でみて、「これがあの有名な999号か。ずいぶん旧式の列車なんだね」と感想を述べる少年に、機械人間メーテルがこういう。
「本当は、無限電磁バリアに守られた超近代化宇宙列車。でも、見かけだけは蒸気機関車っぽくしてあるの。ここに二度と戻ってこないお客さんのためには、心温まる大昔の型の列車じゃなきゃダメなの」

紙は「人間性」の象徴なのか

万感の想いで人が旅立つとき、超近代的ＡＩを搭載した機械人間であっても、効率性や合理性だけでユーザーの気持ちを判断することは間違いの素だ、ということを天才漫画家は直感的に摑んでいたのだろう。

そして、書籍の世界にこれを当てはめると、紙はまさにここでいう９９９号の形状と同じで、「人間性の象徴」といっても過言ではなかろう。

毎日毎日、携帯電話機やタブレット端末の操作に時間を奪われるデジタル・ネイティブの若者たち。もしかすると彼らの脳は、「自然」の対極にあるデジタル世界の中で、無意識のうちにくたくたに疲れているのかもしれない。

実際、直接関係するのかはわからないが、ヨーロッパでは「大人の塗り絵」（「アダルト・

カラーリング・ブックス」という）がここ数年大ブームになっていて、これも紙の本の売上増に貢献しているようだが、もしかすると「紙を使った塗り絵」も、人間性の象徴であり、スマホゲームの対極的存在として何かを暗示しているのかもしれない。

静かに警鐘を鳴らし続ける「自然」

わたしは、あるご縁でＩＴ企業経営者の主宰する勉強会の末席に加えてもらっているのだが、そこでよく「シンギュラリティの時代」というテーマが取り上げられる。その言葉を聞くたびに、そういう時代だからこそ、「人間性」の部分がビジネスにおいても究極的な差別化要因になるはずだ、という思いが強くなる。

おそらく、先述の英米における新しい傾向（若者の電子書籍離れ）が暗示しているのも、「効率性・普遍性・予測可能性」vs.「人間性・多様性・不確実性」のトレードオフを考え抜くことが21世紀のビジネス世界で勝ち残る方法だという点であろう。いや、ビジネスのみならず、このトレードオフを真剣に考えることが、きっと誰にとっても、人生を豊かに生きるための大切な座標軸になるはずだ。

そして、その根底にある最も大切なポイントは、「自然」という視点を忘れないことだろう。人間は、古《いにしえ》より、自然から学んできた。自然はいつだって、我々に普遍的な真理を教えてくれる。その真理や原則を無理やり変えようとすれば、さまざまな問題が起こってくる。なのに、目まぐるしく変わっていく情報化社会に生きる現代人は、自然という座標軸をすぐに見失ってしまう。

「原点としての自然」——この視点を持ち続けなければ、案外早い時期に、人類は地球上から滅びていくのだろう。まずは「自然のなかの人間」という視点を持つ。そして、何かに迷ったとき、問題が生じたとき、自分の心が「自然な状態か」「自然体か」という点について自問自答してみる。そうすると、人は必ず最適な決断を下せる。

電子書籍の話から脱線気味だが、長年にわたるヨーロッパ暮らしでわたしが学んだもっとも大切なことは、たぶんこうした視点といえるかもしれない。

35 二刀流の国ニッポンの強さとは

勝海舟の『氷川清話』にこんな一節がある。

「主義といい、道といって、必ずこれのみと断定するのは、おれは昔から好まない。単に道といっても、道には大小厚薄濃淡の差がある。しかるに、その一を揚げて他を排斥するのは、おれの取らないところだ。人が来て囂々《ごうごう》とおれを責める時には、おれはそうだろうと答えておいて争わない。そして後から精密に考えてその大小を比較し、この上にも更に上があるのだろうと想うと、実に愉快で堪えられない。もしわが守るところが大道であるなら、他の小道は小道として放っておけばよいではないか。

智慧の研究は、棺の蓋をするときに終わるのだ。

「こういう考えを終始持っていると実に面白いよ」

もの言えば唇寒し秋の風。余計なことを言うのは損だから黙っておこう。

一方、思ったことをすぐに口にすると言われているトランプ大統領が就任してから約1年が経過した。トランプ氏の登場は、「日本人が知っていると思い込んでいるアメリカ人像」と「素顔のアメリカ人大衆（マス）」の間に大きな隔たりがあることを日本社会に知らしめたはずだが、明確にこの点を認識している人はどれだけいるのだろう。

我々の親や祖父母の世代に「親米派」と称されてきた人たちが戦後つきあってきたアメリカ人は、おおむね東西海岸の大都市出身者か、少なくとも大都市で教育を受けたリベラルなアメリカ人が大多数だった。だが当時も、広いアメリカの内陸部には相当保守的な〝日本人の知らないアメリカ人〟がいた。

ピューリタンの求めたこと

もっと歴史を遡ってみよう。なぜ清教徒たちがイギリスを捨て、未開の地・アメリカ大陸に向かったのかを考えるとわかりやすい。

そもそもメイフラワー号に乗った清教徒たち（ピューリタン：ピルグリム・ファーザーズ）とは、平たく言えば「キリスト教（聖書）のより厳格な解釈を求める人たち」だ。純粋（ピュア）という言葉は日本語では美しい響きをもつが、英語にすると梃子《てこ》でも動かないような、非妥協性、排他性が見え隠れする。

とにかく、厳格に聖書を解釈したかったから祖国イギリスを捨てて新天地を求めたわけだ。実際、いまでも世界で最も宗教色の強い国、信仰心の篤《あつ》い国民のいる国はアメリカといわれている。

ダーウィン進化論を禁止してきた歴史

時を隔て、いまや当時とは比べものにならないほど「格差社会」となったアメリカにおいて、選挙等で国を動かすのは、内陸部に住む保守的な人たちである。西海岸と東海岸を結ぶ大陸横断飛行機が通り過ぎていくので「フライ・オーバー・ステイツ」と揶揄される地域の住民のことだ。

こうした地域に住むキリスト教原理主義者等の排他性、非妥協性は、もちろん各論レベルでの例外はあるだろうが、総論でいえば我々の想像を絶するレベルにある。

実際、20世紀初めから、進化論の否定に関するいくつかの裁判もおこなわれてきたし、近年ではそのマイルド版の「インテリジェント・デザイン」などという考え方もでてきている。

2017年に、ようやくダーウィン進化論を信じる人が過半数を超えたという報道がなされたが、本当のところ、「天地創造説だけ信じている人」と「天地創造説と進化論の両方を信じている人」を合わせると、いまでも相当な数にのぼるだろう。

むろん、極端に原理主義的な人たちはアメリカでも少数派だが、日本の常識と照らし合わせてみると、マスレベルで著しく異なる価値観が存在することに気づかされる。

わたし自身、そういう州をいくつか訪れたことがあるが、町の真ん中にはたいてい教会があり、ローカル新聞を読むと、我々日本人が考える「国際的な国アメリカ」とは似ても似つかない、きわめて内向きなアメリカ人像が浮かび上がってくる。街の人たちも外国のことはよく知らないし、関心もない。関心がないから、新聞もあまり海外のニュースは扱わない。

灰色の中にこそ真実がある

そんなことを考えていた時に、冒頭の文章を読み返してみた。行間に見え隠れする、日本人のもつ価値観とはいったい何だろう?

それは、「物事は白黒では割り切れない」というものの見方だ。真実は、たいてい中間の灰色の部分にある。三は万物に通ずる。八百万の神のもと、物事はどうせ割り切れないとわかっているから、一つのことに執着することはない。そう、多神教の価値観である。

だが、建前と本音が複雑に絡み合うこの国で、早とちりは禁物だ。

実は、その上にもう一つのカミがいるのが日本という国である。世間様、よそ様の目。「やっぱりそうだよね」という表現に見え隠れする「世間様」のお気持ち、ご意見……。「世間様教」とよんでも違和感のないこの価値観は、一神教の世界とも部分的に重なり合う。多神教の世界にいる本物の神様たちを前に、圧倒的存在感をもって君臨する最上位のカミさまである。

これら二つの価値観を合わせもつ日本人は、外国の文化や慣習を受け入れることに躊躇いはない。クリスマスのみならず、ハロウィーンまで盛大にお祝いする寛容な国、日本。でもよく見ると、表面的には異文化を受け入れているのだが、本質的な部分はいっさい変えていない。

いや、むしろいつの間にか本場の流儀を超越し「日本流」に変容させてしまう。完全に自分のものにしてしまうのだ。実は、こうした「二刀流」に基づく弾力性こそが、いまの日本の繁栄をもたらした原動力といえるのではなかろうか。

「東は東、西は西」の意味するところ

どちらが良い悪いというレベルの話ではない。善悪の価値観など持ち込んでも仕方がない。だが、現実問題として、異文化コミュニケーションの相手には、我々とは恐ろしいほど異なる価値観をもつ人たちがいる。

そういう事実を冷静に受け止めて、彼らとどのように対話していくべきなのか？

これがわたしの研究テーマの根幹にあり、未だに絶対的な答えは得られていない。ただ一つ言えるのは、これだけ価値観が違う人たちが蠢く国際社会の中で、冒頭の勝海舟のような我が道を行く、自己完結的な姿勢では決して彼らとは分かり合えない、という点である。

「東は東、西は西、両者永遠に相逢うことなし」というラドヤード・キプリングの詩は、

そこだけ読むと永遠に交わらない水と油の関係にも思えるが、後半では「だが、東も西もない。国境も、民族も、生まれや育ちもないのだ」という言葉でくくられている。

その意味するところはおそらく、両者の間に存在する厳然たる異質な部分を理解しようと努力することが、相互理解を深める早道だ、ということではないだろうか。

モーゼは、多神教になびき一神教を捨てた3000人の同胞を処刑したが、日本人も「共同体」というカミに逆らった者に対しては、村八分という名の公開処刑をおこなう。ますます広がる格差社会においては、たとえ逆らわなくても、共同体から弾き出されてしまうことがある。いや、そもそも共同体はすでに壊れており、それが若者の未来への絶望につながっているのかもしれない。

だからこそ、「融通無碍に異文化と接し、そこから学び取る力」という伝統的な強みを再認識し、異文化から真剣に「真似ぶ」時期を我々は迎えているのではないか。世界を観て、日本を見直してみる。そして、自分自身を見つめ直してみる。

多神教だっていい。一神教だっていい。両方あってもいい。日本再生のキーワードとして、今一度、異文化というフィルターを通して日本を見つめ直してみる時期を迎えている。

36 本当に制服のせいなの？

久々に休日の銀座を歩いてみた。今や死語かもしれないが、歩行者天国で「銀ぶら」した。

「銀ぶら」の語源は、「銀座の中央通りをぶらぶら歩いて（ウィンドー）ショッピングすること」だと思うが、「銀座8丁目にある老舗喫茶店でブラジルコーヒーを飲むことが語源」という説もあるようだ。もっとも、それを裏付ける資料は見当たらず商業的風説なのかもしれない。それはさておき、とにかく「ぶらぶら」歩き、お昼は天「ぷら」を食べた（語呂にご注目、笑）。

だが、そこにはわたしの記憶にある銀座は存在しなかった。かわりに目に飛び込んできたのは、アジアの大都市に似た風景だった。

もちろん、典型的なアジアの雑踏とは違う。極端な美醜のコントラストも混沌も存在しないのだが、歩いている人たちから聞こえてくる言葉が中国語をはじめとするアジア言語で、8丁目の端のほうでは道端に座り込んでだべっているアジア系観光客が多数いる。そんなことはわたしが日本にいたころはなかった。

もちろん、世の中に不変なものは一つもない。だから、時代とともに街が変わっていくことは、たぶん良いことなのだろう。でも、人々の心の中のイメージはなかなか変わらない。そして、今も昔も「銀座」という地名にはある種のイメージが伴う。


そんなことを考えながら歩いていると、中央通りからすこし横道に入ったところにある泰明小学校のことを思い出した。わたしが子供のころは、この学校のみならず周辺の学校に通うために、学区内にある飲食店などの知人の住所に住民票をうつして越境入学する人が少なくなかった。

今は特認校制度となって、そうした裏技は不要で抽選になったようだが、人気の根底にあるのは、今も昔も実態よりも「銀座」という言葉が醸し出すある種のイメージだろう。そうしたイメージに学校側が影響されたか否かは定かではないが、ジョルジオ・アルマーニ製の制服指定のニュースが物議を醸したのは記憶に新しい。

制服の意味って何？

そもそも、制服を着用する意味とはなんだろう？

一つは、規則で縛ることにより、集団を統制しやすくして、秩序を保つことにある。髪の毛の色などを規制するのも同じ理屈ではないだろうか。

次に、集団の帰属意識の醸成だろう。特に日本人の場合、文化人類学者の説を引くまでもなく「ウチとソト」の意識が強いので、ときに排他的にもなりうる集団のアイデンティティーを強めるには、他校と差別化の図られたファッション性の高い制服はそれなりの効果があるだろう。

同時に犯罪抑止効果もある。「あの制服はあの学校のものだ」と一目で一般人に認識されることで、生徒が犯罪等に巻き込まれるリスクが低減するだろうし、生徒たちが自ら悪事に手を染めることを抑止する効果も多少はあるだろう。

また、制服にはある種のステータスが伴う。自分たちの任務が重要かつ特別なことを常に当事者に意識させる効果がある。もちろん、生徒に制服を着用させることで学生の本分である勉強に打ち込ませる効果は大きくないかもしれないが、社会人の場合、警察にせよ、パイロットにせよ、看護師にせよ、特殊なスキルをもつ人たちに制服を着用させることで、自分たちの任務の重要性を再認識させ、一般人とは違うプロとしての自覚を促す作用もあるのではないだろうか。

格差社会における制服の意義

そして、読者の皆さんもお気づきのように、もう一つ重要なポイントがある。

学校に限定される話かもしれないが、制服には平等な環境を醸成する効果がある。一億総中流といわれた日本から極端な格差社会に変貌を遂げつつあるなか、学生服を義務付けることで、親の収入格差を目立たなくさせ、平等な教育環境を提供しやすくなる効果は否めないだろう。

特に小学生の場合、1年生と6年生では体格もまるで違う。つまり、在学中に制服を買い替える必要がでてくるわけで、安価で丈夫な制服を義務付けることで親御さんの経済的負担を軽減することができる。

また、最近は小学校高学年から異性と付き合う人もいるようだが、お洒落に目覚める思春期の子供たちにとって異性の目ほど気になるものはない。男の子も女の子も、少しでも個性をだしたいと思うのが自然なこと。一方で、服で個性をだすにはお金がかかる。私服の場合、毎日違う服を着せるのは、家庭によっては経済的負担が大きくなるだろう。たとえ異性の目を気にしなかったとしても、同じ服ばかり着ていれば、集団秩序維持装置が作動して、いじめられるリスクも生じることだろう。

「銀座らしさ」とは

以上、ざっと制服の意味を考えてみたが、特に公立の小学校では、安価で丈夫な制服を義務付けることの意義は小さくないと思う。

そこで、その校長の記者会見を動画で視聴したが、自身では「アルマーニの服をもっていない」という。自分が着たこともない高価なブランド服を、公立の小学生に着用させる気がしれず、「銀座らしい」制服という抽象的な説明を聞いていても何をしたいのかよくわからなかった。

そもそも〝銀座らしさ〟とは、何を意味するのだろう？

ヨーロッパのブランドが〝銀座らしい〟のだろうか（アルマーニだけでなく、シャネルやエルメス等にも声をかけたようだが断られたという）。確かに、文明開化のころは、日本で唯一、和洋混在のお洒落な建物や服装を見ることができたのが銀座だった。だが、21世紀の東京はある意味でヨーロッパよりも文化的に進んでいる近代国際都市である。

ちなみに、わたしの知るイタリアの小学生たちはアルマーニの制服など着ていない。イタリアにせよ、わたしの住む国にせよ、アルマーニに限らず、世界的ブランド服は、成功したお洒落な大人が着るものである。

たぶん、そういうことを知っていること、つまり「何が粋で、何が野暮か」を肌感覚でわかっていることこそ「銀座らしい」といえるのではなかろうか。


報道によると、アルマーニの制服着用は「任意」だそうだが、本書第12項「異端者の色は何色」で触れたフランスの思想家ジラールの指摘、すなわち「異端者をスケープゴート化する（つまりイジメる）ことで社会秩序が保たれる」点が正しいとすれば、制服を着なければ結果は明らかだ。すぐに「異端者」のレッテルを貼られ、生贄の羊に祭り上げられるのが目に見えている。

結局、入学予定者のうち3名が学校の方針に賛同できず入学辞退し、他の生徒は全員その制服を購入したようだが、国民の税金で運営される公立学校で、すぐに体が大きくなってしまう小学生に一式8万円以上する制服を買い替えさせたり、頻繁にクリーニングに出させるのは（さすがにアルマーニ製を洗濯機で洗うわけにはいかんだろう）、いくら多様性を尊重せよ、といわれても理解しがたい。

そもそも銀座の、つまり江戸っ子の流儀は、「目立つところは地味に、目立たぬところにはお金をかける」ことにあるのではないだろうか。小学生にアルマーニの制服を着せるのを「粋」ではなく「野暮」と感じるのが「銀座らしい」と思うのだが……。

豊かさの方程式「More with Less」

今回は、故郷の話なので、期せずちょっとカッカしたトーンになってしまったが、もちろん、悪いのは制服ではない。生徒でもない。

悪いのはバブル期から続くこの国の「拝金思想」ではないだろうか。なんでもカネ。高いものが良い。お金持ちが良い。エトセトラ。これから大変革を迎える日本では我々の想像を超えるレベルで貧富の格差が拡がっていく。デジタル化とグローバル化の大波にのまれ、これまでの価値観の多くは根本から変質を強いられていくだろう。

そんな日本で大切な視点は何だろう?

20世紀的価値観である「More with More」（もっと、もっと）ではない。

それは「More with Less」（なんでも、もっともっと、ではなく、持たない豊かさを知る）という視座に他ならない。そして、他人との違いに対して寛容な気持ちをもって接する姿勢だ。これは21世紀的価値観というよりも、もともと日本にあった伝統的価値観だ。

そう、常に「何が粋か、何が野暮か」を立ち止まって考える姿勢。九鬼周造《くきしゅうぞう》は、名著『「いき」の構造』で、「粋」の構成要素に「あきらめ」がある、と喝破した。自分に執着しないこと。他人に執着しないこと。モノに執着しないこと。つまり、欲望にとらわれる自分を高い位置から眺められる姿勢が「粋」なのだ。

古臭いといわれようが、わたしはそれを言い続けたい。そして、これから未来を背負っていく若者にそれを教えてくれる志ある学校の先生が一人でも増えていけば、この国の未来はずっと明るさを維持できると思っている。

第6章

グローバル時代を生きるヒント

37 『ショーシャンクの空に』の向こう側

「何のために生きているのかよくわからないんですよね」

少し前、あるご縁で平成生まれの人と話す機会があった。名前をAさんとしよう。そのときに印象に残った言葉がこれだった。決して鬱とか神経症を患っているとか、そういう感じの人ではなく、ごくごく普通の、生まれたときから何不自由ない生活をしてきたような若者だった。

この問いを聞いた瞬間、わたしの脳裏には3通りの答えがよぎった。

どれから始めようか……豊かな国、日本。そんな日本だからこそ「虚しさ」を感じる人が多いと耳にした。でも、本当のところ、「虚しさ」は人間社会には付きものだ。どこにでもある。今回は若干趣向を変えて、そのときの会話を再現しながら「ニッポン神話」の〝毒抜き〟を試みたい。

考え続ける人生

スティーブ（以下S） なるほど。人生の目的が見出せないいんだね。

A ええ、そうです。

S それでいいんじゃない。「人生って何か?」「生きるってどういうことなの?」「人間って何?」を考え続けることが人間の本質。そうやって考え続けること自体が「人生の目的」とも言えるんじゃないかな。

A えっ? 「考え続ける人生」なんて嫌です……。

S そっか。じゃあ、こう考えてみてはどうかな。ハンガリー生まれのユダヤ系のお医者さんでフランクルっていう人がいるんだけど、聞いたことある?

A ないです。

S そのお医者さんはね、ナチス強制収容所のサバイバー（生き残り）なんだよ。アウシュビッツって聞いたことあると思うけど、その近くにあったガス室付きの強制収容所で長いあいだ囚われの身だったんだ。

A ……。

S そこは劣悪な環境で、ガス室に送られる人もいたし、そうでなくても未来への希望を見出せなくて自ら命を絶つ人が続出してたわけ。一方で、そんな逆境でも、彼を含め、未来への希望を捨てない人たちもいたんだよね。結局、彼はガス室に送られずに強制収容所を出ることができたんだけど、そういう経験から、ある種の哲学に到達したんだよ。

A さっきの「人生の目的を考え続ける人生」ですか？

S それにも関係するけど、もっと具体的にいうと、どんな時も人生には意味がある。自分を必要とする「何か」や「誰か」が必ずどこかにいて、自分に見つけてもらうことを待っている。

だから、すべてを投げ出さずに生きていれば、いずれ自分の人生に「イエス」と言える瞬間が訪れる。たとえ自分自身でイエスと言えなかったとしても、「人生のほうからあなたに向かってイエスと言ってくれるときが必ずやってくる」という考え方なんだよ。

A うーん、わかるような、わからないような……。

ひとりで存在する勇気

S それでいいんだ。ところで『ショーシャンクの空に』って映画観たことある？

A　あっ、あります。

S　だったら、もうあなたはさっきの問いの答えを知ってるじゃないか。あの映画はさ、たぶんフランクルと同じ考え方に基づいてつくられていると思うんだ。主人公はとても強い人だったよね。何が強いかわかる？

A　……。

S　それはね、自分ひとりで存在する勇気をもっているからなんだよ。

A　「自分ひとりで存在する勇気」ですか……。

S　そうそう。よくさ、とにかく人と群れていないと心もとない人っているでしょ。あるいは、ＳＮＳで自撮り写真ばかり投稿したり、〝イイね〟をもらうことで承認欲求を満たそうとする人。あるいはもっと究極的にいうと、誰かれ構わず寝てしまう人とかね。

A　いますね。

S　そういう人たちは皆、孤独なんだよ。いや、本当のところ現代社会では誰でも孤独なのかもしれない。そんな中で、あの映画の主人公が教えてくれることは何かっていうと、自分と向き合うことの大切さっていうのかな、つまり「創造的な孤独を愉しめ」という点だと思うんだよ。

A　創造的な孤独、ですか？

S　そうそう。「創造的な孤独」の意味を知って自分と対話を重ねていくと、フランクルが言う、あなたに見つけてもらうのを待っている「何か」とか「誰か」の存在に気づくんだよ。あの映画の主人公は、看守のみならず囚人たちにも虐げられていたよね。相当辛い日々だったのに「自分ひとりで存在する勇気」を持ち続けて、自分との対話を続けていった。次第に周囲からも受け入れられていったよね。

いまにフォーカスせよ

S　ではここで、あえて反対を考えてみよう。もしあの主人公が別の反応を選択したとすると、どんな可能性が考えられそう？

A　うーん、たとえば、自分の置かれた状況を嘆いて自分はこういう「運命」なんだ、って諦めちゃうことですかね。最悪だとそれで自殺しちゃったり……。

S　そうだね。実は、運命を固定的なものと考える人たちは、それこそ古代ギリシャから存在したんだよ。「現在・過去・未来をすべて含む永遠」が人生のテーマで、後に出てくる運命論、つまり「すべては固定されている」という考え方に結びついていくんだ。

A　わたしも「自分はこういう運命なんだな」って思うことがあります。

S　そうなんだ。でもね、その対極の考え方もあるんだよ。「すべては変化している。固定されていることなんて何ひとつない」っていう考え方。難しくいうと「実存主義」っていってさ、さっきのフランクルも影響を受けているんだけど、一言でいえば「いまにフォーカスせよ」ということなんだ。

A　「いまにフォーカスせよ」ですか……。

S　うん。あの映画って、人間の醜悪な部分と美しい部分のコントラストが実に巧みに描かれてたよね。主人公はあれだけ酷い扱いを受けながらも、誰にも媚びず、安易に人と群れることもなく、ただひたすら「いまある現実」を粛々と受け入れて、穴掘りとか、やるべきことを淡々と続けてたよね。もちろん、彼は自分を待ってくれているメキシコの美しい海の存在に気づいていてそれを片時も忘れなかった点で、例外的かもしれないけどね。

A　じゃあ、それが見つかってない人はどうすればいいんですか？

S　見つかってないと、「人生の虚しさ」っていうか、さっきあなたが最初にいったような疑問を感じるよね。だけど、それでいいんだ。そう感じて当然だからね。そして、それはまさに「いまにフォーカス」しているからこそ感じることでもあるし。

ただ忘れてはいけないのが、さっき触れたフランクルの言葉にある「何か」や「誰か」が世界のどこかであなたに発見されることを待っている、という点だよ。

それさえ忘れなければ、人生は必ず豊かになる。たぶん、あの主人公もああいう経験をする前はそれに気づいてなかったんじゃないかな。

38 競争より協調なのか

イメージ的なものなのか、あるいは日本人の伝統的価値観にフィットするからなのか、日本では北欧礼賛調の神話をよく耳にする。だが欧州で長年暮らしているわたしは、そんな話は一度も聞いたことがない。確かに「福祉国家＝幸福」という方程式は一見成立しそうだが、完璧な国が存在しない以上、何事も陰陽あわせた上で判断しないと本質を見誤ってしまう。何度もいうが、神話は真実ではないのだ。

断っておくが、わたしは北欧嫌いではない。時々観光で訪れるし、酒を酌《く》み交わす友もいる。だが、日本という巨大国家が参考にすべき国かというと、懐疑的にならざるを得ない。皮肉なことに、少子高齢化、重税、頭脳流出、移民問題といった北欧の現実は、近未来に日本が直面する諸問題とぴったり重なる。

たとえば、人口６００万に満たないデンマークでは、所得税と社会保険料負担が大きいため、富裕層のみならず一般人ですら、額面の半分にも満たない手取り収入から消費し、さらに消費税25%を支払う。北欧モデルは、究極の平等社会を作るには効果的かもしれないが、意欲ある者を国内に留めておくのは容易ではない。

集団秩序を守る「ヤンテの法則」

日本ではあまり知られていないが、デンマークのみならず、ノルウェーやスウェーデンなど、北欧人の心性を説明する際に、しばしば「ヤンテの法則」(ヤンテロー)が引用される。〝ヤンテ〟というのは、北欧の作家サンデモースが書いた小説にでてくるデンマークの田舎町のこと。その町の住人は、「汝を特別と思うなかれ」「汝は皆よりも優れていると思うなかれ」といった数々の規則に縛られており、それが集団秩序維持装置として機能している。

実際、北欧の人たちは、目立つことが苦手だ。もちろん、コペンハーゲンなどの国際都市にいけば、そういった傾向は緩和され、個性的な服装の若者も散見されるが、ひとたび郊外に行くと、皆同じような地味な服を着ており、「ヤンテロー」が共同体の守護神として集団秩序を守っているのが感じられる。

デンマーク人の友人によると、この法則は教育にも浸透しているそうだ。日米などでは一般的な能力別クラス分けのような競争的制度はほとんど存在せず、強い者・できる者は、弱い者・できない者を積極的に助けることが期待されるという。

そんな護送船団方式は、確かに英仏をはじめとする熾烈な競争社会とは性質が著しく異なっている。だが、能力ある個人をいっさい優遇せず、集団の和を重んじることは、本当のところ、社会にとって最適といえるのだろうか。

統計結果を捻《ね》じ曲げる共同体論理

こういう話をすると、「でも、デンマークは〝世界で一番幸福な国〟ですよね」という人が必ずいる。しかし、先述のヤンテの法則を鑑みれば、そもそも究極の黙契社会で、外国人に対して自国の悪口をいう人がいるだろうか。

物言えば唇寒し秋の風。私見では「良い国か？　幸せか？」と聞かれたら、誰もが「素晴らしい国で、幸せです」とオウム返しに答えるのが「ヤンテの法則」の本質だ。デンマーク人同士でさえ、本音をいうと目立ってしまうのだから、外国、特に英語圏の人からの質問に本音をいえるはずがない。北欧の人たちは英語が達者だから、共同体に対する不満を国外で漏らしても筒抜けになるリスクが高い。みんなにバレたら村八分だ。

目立つな。空気を読め。和を乱すな。みんなと違ってはいけない……どこかの国とやけに似ているではないか。

日本的に解釈すれば、「空《くう》」の世界、つまり「我執を戒めよ。人は人と人とのつながりの中でしか生きられない生き物だ」とも重なる糊代がありそうだが、そもそも北欧は仏教国ではない。

「種を保つには、同種間の闘争が不可欠である」と喝破したコンラート・ローレンツ（オーストリアの動物行動学者）がもし生きていたら、競争なき北欧文化をどのように解釈するのだろう。不思議なことに、日本では若年層を中心に「競争より協調。目上の人でも〝上から目線〟はダメ」という北欧チックな平等主義が広がっているそうだ。いったいこれは何を示唆しているのだろうか。

39 禁止社会の憂鬱

ある日、オランダ人の友人と昼食をとっていたところ、休暇の話題になった。友人は、大学生の子供たちを何とか家族旅行に参加させる解決策として、息子と娘の恋人たちも一緒に連れて行くそうだ。彼は、「そういう誘因を与えないとついてこないのだから仕方がない」とあきらめ顔でつぶやく。

費用丸抱えで遠いビーチリゾートまで連れて行き、結婚もしていない二人のために親たちとは別の部屋をわざわざ用意し、はずまない会話に気を遣いながら2週間も盛り上げ続ける――これは、オランダ人にとっても気が進むことではないようだ。

実際、友人はここ数年それを繰り返しているのだが、いつまでたっても慣れるものではないという。ぼやきを口にした彼の顔には、蓄積したストレスがにじみ出ていた。「リベラルの極致」というオランダの評判は、必ずしも間違ってはいない。だが、ドラッグや歓楽街、あるいは安楽死のイメージからくる、〝何でもありで前衛的〟というイメージは「ニッポン神話」に過ぎない。

合理性と感情論

ただ、この友人の状況下において割り切って考えてみると、選択肢は2つしかない。

①連れて行かない（親の目の届かないところで、子供たちは何をしでかすかわからない）

②連れて行く（本人が行きたくなるような、特別なお膳立てをしなければならない）

両オプションの賛否を比較検討し、メリットが上回れば、感情論は置いて決断する——こういう合理的決断は、どちらかというと日本人が苦手とするものだろう。たいてい感情論が先行して、合理的な判断を下すのが難しくなる傾向がある、とするのは言い過ぎだろうか。

この話をきっかけに、日本と比較してみて感じたのは、日本の「禁止社会」の特異性だ。国籍を問わず、何でも「禁止」から入ってしまうとミレニアル世代を動かすのは難しい。一方で、禁止しなければならないことも世の中には多々ある。その微妙なバランスがわかりにくい世界になってきている。

死を教えない医学部

さて、日本に限らず多くの国における究極の禁止事項といえば、やはり死にかかわる問題だろう。だが、そこには上に述べた合理性や論理性に加え、いくつか日本人には馴染みのない考え方が複雑に絡みあっていて、一筋縄にはいかない。第32項で触れた「トロッコ問題」の論点（功利主義など）もその一つだ。

日本の状況はどうなのか。先日、医者をしている先輩からこんな話を聞いた。「医学部では、今も昔も『死』について教えない。この国では死が必要以上にタブー視されているのかもしれない」という。もちろん、死は臨床経験のなかで自分で摑むものであり、人から学ぶものではない、という側面もあるだろう。また、一部の治療者にとっては、治すことが仕事で、死は敗北的なマイナスを意味するのかもしれない。とにかく、この国の医学教育の現場において、死について考えさせる講義がほとんど存在しないのは事実のようだ。死はとにかく忌み嫌われ、口にすることさえ憚られる、というのだろうか。

一方、ヨーロッパでは昔から「メメント・モリ」（死を思え：人はいずれ死ぬ。だから、今を生きよ）という、中世からキリスト教世界で脈々と伝承されてきた哲学があり、当然医学生も死について、医学的・生物学的な意味だけでなく、哲学的・倫理学的な意味からも学んでいく。医学のみならず、芸術の世界でも死は重要な要素で、特に美術がお好きな読者は、西洋の静物画がこのコンセプトのもと描かれていたことはご存知であろう。

長年欧州で暮らしていると、人々の思考や行動パターンに、根本的な考え方の違いがあることにしばしば気づかされる。

日本の諸問題の原因について、「日本が欧米化してきたせいだ」と言う人がいる。猟奇殺人、幼児虐待、ドメスティック・バイオレンス、いじめ問題、学校崩壊など、キーワードだけ追っていくと、確かにそういう風に考えられなくもない。だが、本質的に異なる点があるように思う。それが何かをわたしはいつも考えている。

直感的に「欧米化」と言うのは簡単だ。だが、一見すると〝問題〟に見える「現象」を一つひとつ掘り下げて考えていかないと、解はおろか、本質的な「問題」にさえ到達することはできない。

40 生きるべきか、死ぬべきか

手塚治虫氏の名作『ブラック・ジャック』で、ドクター・キリコという元軍医が登場する。

戦時中、野戦病院で助かる見込みのない兵士たちを安楽死させて心から感謝された彼は、「治せる患者は治す。だが、治療の見込みのない患者は苦しませずに静かに息を引き取らせたほうが良い」「生きものは死ぬときには自然に死ぬ。それを人間だけが無理に生きさせようとする」という信念のもと、戦後も「安楽死請負人」として医師を続ける。

当然、最後の最後まで諦めない、オペの天才ブラック・ジャックは、彼と対立する。子供のころ二人のやりとりを見ていて、私にはどちらが正しいか判断できなかった。そして、今でさえ、どちらが正しいのかわからない。

「終末期鎮静」とは？

わたしの住む国ベルギーは、ほかのベネルクス諸国（オランダ・ルクセンブルグ）やスイスなどと並び、安楽死、医師による自殺幇助《ほうじょ》が合法化されている。

とくにベルギーは、子供の安楽死さえ容認しており、２０１６年に未成年が安楽死したニュースは世界中のメディアで取り上げられた（注：オランダも未成年者の安楽死を認めているが、年齢制限のないベルギーと異なり、「12歳以上」という制限がつくそうだ）。

また、スイスは「究極のメディカルツーリズムの目的地」として有名で、世界中から安楽死や医師による自殺幇助を求めてやってくる外国人を受け入れている。

一方、ベネルクス三国では積極的な安楽死ではなく、苦痛緩和を目的とした医療行為「ターミナル・セデーション（終末期鎮静）」という形を取ることが多いようだ。結果的に死に至る点は同じであっても、最初から患者に死をもたらす薬を投与する安楽死と違い、「終末期鎮静」は、あくまで患者の苦痛緩和を目的としている点で趣が異なる。

耐えがたき苦痛に苛まれながら人生の最期を迎えさせるのではなく、薬を与えて意識をなくしてしまうことで、痛みから患者を解放するわけだ。もちろん、そこから点滴をしなければ、遅かれ早かれ死に至る。

いずれにせよ、安楽死や尊厳死を取り巻く状況は、法律や倫理、宗教などが複雑に絡み合っていて、一筋縄ではいかないものだが、こうした終末医療先進国の状況については、「ニッポン神話」になるどころか、日本では話題にものぼらず、ほとんど知られていないのではなかろうか。

死を恐れて呆ける人々

そんな話を友人としていたら、彼はおもむろに自分の死生観を話しはじめた。一言でいえば「人は死が怖い、怖くて仕方がない」「人はいつ死ぬかわからないからこそ、生きる希望がもてる」に集約される。

それゆえ、ガンをはじめとする死に至る病の告知に、彼は反対だという。なぜなら、告知は「今日よりも明日は絶対に良くならない」「いずれ確実に死ぬ」ことを知らされることと同義であり、人はその瞬間に絶望する。つまり「生きる希望を失うからだ」。しかも、その結果「死への恐怖から呆けてしまう者も少なくない」という。悪く言えば現実逃避、良く言えば「自衛手段」なのだろうか……。

ただし、「人は、未来への展望を失ったとき、自ら命を絶つ」と名著『夜と霧』で喝破したフランクルの言葉も、紛れもない真実であろう。実際、彼は強制収容所の中で、そうして命を絶った人たちを間近で見ている。たとえ、自殺はしないとしても、呆けたり、あるいは相当落ち込んでしまう人もいることは、想像に難くない。

志の数珠つなぎ

死生観は人それぞれ違っていていいと思う。一方、世界のＩＴ業界や先端技術者は躍起になって、ＡＩと人間の融合を通して不老不死の世界を現実のものにしようとしている。ある有名経営者は「世の中から死を含めた悲しみをなくしたい」という。人間が不老不死になると、幸せになれるのだろうか。永遠の命を授かることは、本当に幸せといえるのだろうか。

もちろん、医学の発達で寿命はこれからどんどんのびていく。だが、わたしは永遠に生きたいとは思わない。限られた人生を精一杯生きて、志を次の世代にバトンタッチしていくこと、「志の数珠」をつないでいくこと、そこに人生の意味はあると思っている。死があるからこそ、生は充実する。だからこそ、「死を思う」（メメント・モリ）ことが大切なのだ。

この点に関連して、40年近く前の映画『銀河鉄道999』（松本零士原作）は「生と死」という難しいテーマを見事に描ききっている。

廃墟と化した未来の地球という設定。駅周辺は機械人間たちに占拠されていて生身の人間は駅に近づくことさえできない。そんな絶望的な状況のなかで、大人の一人が立ち上がる。

「若いっていいもんだな。どんな小さな希望にも自分のすべてを賭けることができる。みんな、わしらの倅《せがれ》が行くというんだ、行かせてやろうじゃないか」

そう言って、主人公の少年・星野鉄郎を列車に乗せるため、機械人間との銃撃戦をやって全員討ち死にする。皆、息絶えるときに「後は頼むぞ」と言い残して――。

鉄郎という名の少年は、そのお陰で列車に乗ることができたのだが、まさに人類にとっての「夢」や「希望」のメタファーがあの少年なのだろう。

ちなみに、人生後半を生きるわたしは、自分より若い世代の読者の人たちが、上記の映画に出てくる「鉄郎」だと思って書き続けている。たとえどんなに多くの悲観論がメディアを覆いつくしたとしても、未来への夢を胸に抱く日本人を絶やさないために。

そして、ごく少数ではあるが、日本にも「希望と失望のシーソー」の上で、毎日患者さんの生と死に真摯に向き合いながら、終末期医療に携わる医師がいる。志という綺麗な言葉では決して語り切れない世界で切磋琢磨している人たちだ。その人たちに敬意を示しつつ本稿を終わらせたい。

41 美しくも、愚かしきもの？

「これ、おいしい。昔の野菜の味がする」……以前、わたしのベルギーの家を訪れた年配の知人が、当地の野菜を口にした瞬間、こう呟いた。戦時中、疎開先で食べた日本の野菜と現代ヨーロッパの野菜の味が似ている、というのは、わたしにとって新鮮な驚きだった。いまの日本の野菜といったい何が違うのだろう。

まず、真っ先に思いあたるのは、現代日本の野菜や果物の外見が「完璧」な点だ。何より外見が綺麗なことが大前提で、少しでも歪《いびつ》な形状のものは店頭に出ないし、傷あり品を見かけることはほとんどない。

もちろん、ヨーロッパでも、あまりにも奇形な野菜や果物が店頭に出ることはないが、多少傷がついていたり、形が同じでなくとも、普通に店頭で売られている。外見の違いは、中身にどのような影響を与えているのだろうか。

成熟期の成功モデルなのか

「成熟期」という前提をつければ、いまの日本の文化レベルは、世界的にみても先端にあると思う。物が溢れかえる過剰物質主義の社会において、人は競って完璧で何か違うものを求め、さまよい歩く。その延長線上で、食に対するこだわりを芸術レベルまで昇華させている国は世界でも数少ない。

日本、フランス、中国など、ごくわずかな国々の中で、日本人の木目細かさと勤勉さは、日本の食文化を一段も二段も高いレベルに引き上げていった。けれど、それが本当に「完全」な食につながっているのだろうか。

交配に交配を重ね、完璧なまでに均質化した外見の美しい野菜や果物は作れるようになったが、中身のほうはどうなのだろう。多くの消費者が比較対象をもたなければ、口にするものが標準となる。けれども、冒頭の知人のように、比較対象をもつ人たちの口から語られる真実は、外見の完全さ・完璧さと引き換えに喪失したものの存在を浮かび上がらせる。

我々が「完全」追及競争のなかで、失ってしまったものは何か？

美味しい野菜や果物だけなのだろうか？

もしも、物質的にいまほど豊かではなかった頃の日本人が、いまの日本を見たらどう感じるのだろうか？

わたしはよく、そんな自問自答を繰り返しながら、ベルギーで日本のことを想う。

「完全」vs.「不完全」

実は、完全・完璧の追及自体が、喪失・後退を意味することを、先人たちは知っていた。

たとえば、岡倉天心は、こんな言葉を残している。

「本当の美しさは、不完全を心の中で完成した人だけが見出すことができる」

つまり、心の中で物事の不完全な部分を補い、完全な姿をイメージできる人だけに「美」は姿を現す、というわけだ。

この点について、自分の中では完全に忘れていたのだが、ある大企業のトップをしている先輩が、ずっと昔にわたしが書いたエッセーの一節を思い出させてくれた。

「石庭にある15個の石のうち、一度に見ることができるのは14個のみ。必ず1つは他の石に隠れて見えない。これを不満に思うなかれ、むしろ14個も見ることができる喜びをかみしめたまえ。決して満たされることのない人間の欲望、性《さが》に対して、龍安寺の石庭は沈黙を守りながら警鐘を鳴らし続けている」

伝統的に日本では15という数字が「完全」を意味した。完全は「崩壊のはじまり」を意味し、不完全を愛《め》でる文化が生まれたのだろう。不完全であるがゆえに、日本人は、他人に気を遣い、謙虚に生きていく姿勢に美しさを見出したのだ。

完全なる神様のいる世界

ところが、西洋が主導してきた近代文明は、一言でいえば、「一神教的価値観で彩られた二項対立の世界」である。一神教の世界における神様は「完全」なる存在だ。そうした「完全」という概念に縛られた価値観の中で、「創造主と人間」「生と死」「我と他」「善と悪」など、すべてを真っ二つに分け、制した上で、解らしきものを導いてきたのが西洋主導の近代文明だ。

物事の一般化、概念化、抽象化、つまり科学や法律などは、すべて主客の対立から生まれ、発展してきた。

一方で、分極した相対の世界は、必然的に、対立、対抗、争いの世界へとつながっていく。いうまでもなく、歴史はこの解釈の正しさを証明している。

そうした西欧的価値観に影響を受けながらも、日本人は独自の価値観を捨て去ることがなかった。鈴木大拙いわく、日本人は「分化」が起こる前から物事の全体を捉えようとする。円融無碍。すべてを一緒くたにして、巨大な円の中でドロドロに溶かしてしまうのだ。

真実はたいてい灰色のなかにある。大切な数字は2ではなく3だ。割り切れない。八百万の神の下、物事はもともと白黒で割り切れないとわかっているから、一つのことに執着することはないし、不毛な二項対立も生まれない。

ところが、21世紀に入り20年近くが経過し、ＡＩ（人工知能）が人智を超える「シンギュラリティ」の時代が間近に迫ってきているなか、日本人も「完全」「完璧」の追及をより高いレベルで行おうとしている気がしてならない。

有限と幽玄と無限

もちろん、「不完全さ」のなかには、限りある命も含まれる。人はいずれ死ぬ。必ず死ぬ。だからこそ、人生は儚《はかな》いものとなる。「もののあはれ」という言葉はまさにその哲学を凝縮したもので、上述の「不完全を愛でる文化」はそこに帰結する。

ところが医学の発展により、人々の平均寿命は、健康寿命とは乖離したレベルでどんどん延びている。不老不死の世界はしばらくは幻のままかもしれないが、少なくとも「死」がこれまでとは違った意味を帯びてくるのは時間の問題だろう。

だとすると、「有限」の命のなかで精一杯生きることが、「幽玄」につながり、それが「無限」の美につながっていく、という日本人の伝統的価値観が根底から揺らいでしまう。

人間社会は、何かを欠く者・物によって成立する社会だ。だとすれば、岡倉のいうbeautiful foolishness of things（物事のもつ美しくも愚かしき横顔）を忘れずにいることが、幸せに生きるヒントといえよう。

さまざまな側面から日本社会に歪みが生じているいま、「物事と融通無碍に接する」という日本人の伝統的な強みを再認識し、ポスト成熟期（すなわち、衰退期）の地球に合う新しい価値観を確立する時期を迎えているのではないだろうか。

42 マインドフルネスよ、外来語になる前のスッピンを見せて！

「マインドフルネス」という言葉が逆輸入的に日本でも流行っているようだ。海外はともかく、国内においても、父祖伝来の概念をわざわざ英語にするのが腑に落ちず、しかもよりわかりにくくなっていると思うのだが。要するに「念」、つまり「瞑想を通じて『空』を心と体で知ること」を言っているのだろう。「空」は、誰でも般若心経などを通して子供の頃からお馴染みの言葉なのに、本質的な意味はごく一部の人にしか理解されていない、日本人にとっても近くて遠い教えである。お洒落だからとでも言うのだろうか、英語になった途端に脚光を浴びるというのは。鹿鳴館メンタリティーの呪縛からはそろそろ卒業したいものだ。

そんな中、たまたま「マインドフルネスをおこなうとエゴが増大する」という欧州の研究結果を報じる記事を読んだ。やはりきちっと理解していない人が瞑想しても、型《かた》は型のままで形《かたち》にはならないのだろう。

特に欧米人の場合、善し悪しは別として、個人主義者が多いので、まずは「自己の利益の最大化のための手段」として瞑想を実践している人が多いからではないだろうか。「自分が幸せな気分を得たいから」「自分にメリットがあるから」瞑想するという目的設定では、開始時点ですでに「空」の意味をまったく理解していないことになり、結果的に本質的な幸せには到達できないだろう。「マインドフルネスと瞑想は別物。空は関係ない」という反論もあるかもしれないが、それは詭弁だと思う。批判をする意図は全くないが、日本文化を源流とする話である以上、マインドフルネスがいかにlost in translation（翻訳される過程で本質が抜け落ちている）かについて説明を試み、解決策を示したい。

カトマンズで教わったこと

仏教にお詳しい読者の前で甚だ僭越ではあるが、あえて仏教の話をさせていただくのは、仏教的価値観が異文化コミュニケーションにおいて重要だと信じているからだ。これもご縁だが、以前私は大学院時代からの欧州の友人の紹介で、わずか1週間に過ぎないがネパールのお寺に通って、カトマンズに亡命中のチベット仏教の高僧のもとで仏の教えを受けたことがある。河口慧海（『チベット旅行記』の著者で僧侶）に想いを馳せながら真剣に聞いたつもりだが、高僧からのさまざまな法話を二つにまとめるとすればこうなる。

「すべての苦しみの原因は我執にあり。我執を戒めよ」

「この世は縁起によって成り立っている。自分とは、人と人との関係性（ご縁）のなかでしか存在しえない」

どういうことだろう？

縁起とは、人と人、ものともの、人ともの等のつながりから生ずる因果関係のこと。我執（チベット語ではダクズィン）とは、自己執着、エゴのことで、自分という存在への誤った見方、認識から生じる。自分という存在が、縁起や業力から独立して存在しているという誤解である。ありもしない「自分」を頭の中で勝手に作り上げ、その幻想にがちがちに縛られてしまう。幻想に過ぎないのに「人格が傷つけられた」と腹を立てる。逆に褒められると喜び勇んで「自分」に執着し、ますます歪んだ自己愛を膨らませる。

けれど、本当のところ自分とは何者なのだろう。

自分の正体を弓道で知る？

たとえば、あなたが家族と口論している時にお客さんから電話がかかってきたとしよう。おそらくその瞬間に、それまで家族と口論していた「自分」とは似ても似つかない「自分」が突如として姿を現すはずだ。そして電話が切れると、その「自分」は陽炎のごとく消え、先ほどまでいた「自分」あるいは少し冷静になったまた別の「自分」が現れるだろう。

つまり、自分の頭の中で「こういう自分だ」と思い込んでいる固定的な自分は、ある意味で幻想に過ぎず、本当は存在しない。「自分」とは、人やものとの関係性（ご縁）の中で一時的に生じ、次の瞬間に消えていく無常な存在。だからこそ、利己心に駆られた行動を慎み、利他心、つまり人の幸せのために慈悲の心をもって生きよ――これが「空」の意味で、もしかするとこの点を理解していない人が「マインドフルネス」伝道者の中にはいるかもしれない。

ただし、マインドフルネスは、仏教的価値観に対する興味をより多くの人たちに喚起した点で大きな評価に値すると思う。実際、「色即是空、空即是色」という言葉は、かつてForm is emptiness: emptiness is form. などと直訳されていて、取っつきにくいというか、とにかく仏教の知識のない人にとってはチンプンカンプンだったはずである。たとえ目的の部分はきちっと伝わっていなかったとしても、mindfulnessやwakefulnessなどの訳語のほうがはるかに親しみやすい。

ちなみに、「お前ならどうやって瞑想の目的について外国人に教えるのか?」と聞かれたら、オイゲン・ヘリゲルの『日本の弓術』(岩波書店)を読んでもらう、と答えるだろう。弓術を学んでいたドイツ人のヘリゲルは、師匠からいわれた「弓を射ることは、弓と矢をもって射ないこと」や「あなたは無心になろうとしているが、それは故意の無心である。それでは先に進めない」という教えを理解するのに数十年の年月を必要とした。

まさにこの言葉こそ、マインドフルネス実践においても最重要点といえるのではないだろうか。ここでこの言葉の意味をわたしが説明するより、ご興味があれば、一度その本を読まれることをお勧めしたい。ドイツ人が書いた本なので、ドイツ語版や英語版も手に入る。

異文化コミュニケーションと「空」の関係

「空」は異文化コミュニケーションにおいても大切な視点である。空性を意識することで、異文化の人たちとより深い関係性を構築することができるからだ。たとえば、「国際人」と呼ばれる人たちの中にも、「日本では」「アメリカでは」と我執に囚われ比較ばかりしている「出羽の守」がいるが、そんな比較を続けても苦しみしか生じない（まさにそのメッセージを伝えたくて本書を上梓したのだが）。

一方で、外国人に「××さん」と日本的に呼ばせてご満悦の人がいるが、日本流を外国人に押しつけても本質的な相互理解はできない。アジアなど日本に近い敬称文化圏の人を除くと、欧米人でそれを喜んでやるのは、ごく一部の多様性・異文化寛容度の高い人か、お金の臭いとビジネス上のメリットに敏い人か、あるいは日本文化好きの少数派だけであろう。

だからわたしは日本人としての誇りは持ち続けながらも「空」を意識し、相手が呼びやすいように横文字の名前も併用している。善し悪しはわからない。だが、少なくとも「モリヤマさん」という彼らにとって奇異に響く呼称を強要しなかったお陰で、より多くの外国人と深いレベルで理解しあえたのではないかと思っている。

実は、最初に当コラムを担当させていただくことになったのも、ご縁の賜である。また、和僑のわたしがこれまで長い間ヨーロッパで何とかやってこれたのもご縁のお陰といえる。本稿を書き続けることで、また新たなご縁が生まれる予感がしている。

「おわりに」に代えて――「盲亀《もうき》の浮木《ふぼく》、優曇華《うどんげ》の花」

バブルの頃、ドミニカ共和国を旅した。米系ホテルの中は先進国以上の華やかさ。だが、一歩外に出ると、そこに広がるのは果てしなき貧困と混沌の世界。どこを歩いても、恵まれない子供たちに囲まれる。途上国の貧困の現実を目の当たりにして、無力感に苛まれた。とにかく数が多すぎて、全員を相手にすることができない。「靴を磨かせて」と言われても、スニーカーを履いていてはどうにもならない。いつの間にか、子供たちの数が増えてゆく。芥川龍之介の『蜘蛛の糸』を髣髴《ほうふつ》とさせる光景。夥《おびただ》しい数の子供たちに囲まれ、感覚が次第に麻痺していく。数日後、ついに「キリがない」と彼らを無視することにした。

その後、ロンドンに移り住んだ。街には小奇麗な格好の若い物乞いがたくさんいた。だが、彼らとは一度も目を合わせることがなかった。あえて見ないようにしていたと思う。けれど、あのドミニカでの経験が、いつも心の片隅にひっかかっていた。そう、今でもはっきりと覚えている。わたしはあの時、レストランでピザを食べていたのだ。窓硝子にぴったりと顔をつけて、わたしの一挙一動を凝視している子供たちの熱い視線を前に食欲は失せ、すぐに店を出た。そして、目が合った7歳ほどの少年にテイクアウトしたピザを丸ごとあげた。すると、集団の中から突如現れた一番年長と思しき少年が、それをひったくっていった。わたしは、ムッとして彼を睨みつけた。

だが、わたしは間違っていた。

少年は、指を咥《くわ》えて待っている幼い子供たち全員にピザを等分にして分け与えたのだ。わたしは一瞬でも彼を憎んだことを恥じた。一人ひとりに渡ったのは、小さな欠片にしかならなかったけれど、それは何とも言えない美しい光景だった。


聖と俗の境界線に触れると、「美しい」という感情が人には芽生える。対極する二つの世界の境界線上に「愛」があるからだ。愛があって初めて「美」を認める。それが人間という存在ではないだろうか。

それからずっと「義を見てせざるは勇なきなり」という父祖伝来の日本の美徳について考え続けてきた。だが、「勇」という言葉に囚われ、力んでしまう。すると、自分の中でうまく落とし込むことができない。そんな我執のジレンマに陥りながら、ある日、わたしはバンコク中心部の歩道橋の上で汗をびっしょりかいて眠っている赤子を抱いた、乞食の少女と目が合った。

一瞬、「きりがない」という思いがよぎる。だが、次の瞬間、わたしは持っていた未開封の飲み物を手渡した。彼女は手を合わせてわたしを拝む。その瞬間にはっきりと、あの言葉の意味を掴んだ気がした。
結局、世界70億人の中で、一瞬でも接点ができる人の数は限られていて、それは全て「ご縁」といっていい。義と勇というのは、そういうご縁を「きりがない」で終わらせるな、見て見ぬ振りをするな、ということ。肩に力をいれずに、できることをすればいい。ご縁の中でしか、自分は存在しえないのだから。タイの少女は、我への執着の対極にある「空」の世界をわたしに垣間見せてくれた。

そんな話を師匠の一人にしていたら「盲亀の浮木、優曇華の花」という言葉を教えてくれた。「盲亀」とは、百年に一度水面に姿を現す盲目の亀。仏法に出会える確率は、盲亀が浮木の穴に頭を突っ込むほど少ないという喩え。「優曇華」とは、三千年に一度花を咲かせる伝説の植物。そのときに如来が現れるという。
外国の少年少女に、武士道のみならず、仏の道まで教わるとは、まさに盲亀の浮木の如し。いつの日か、日本の地で、優曇華の花を見てみたい。

2018年8月　スティーブ・モリヤマ

スティーブ・モリヤマ

ベルギー王国ブリュッセル在住。英国勅許会計士(イングランド・ウェールズ勅許会計士協会上席会員FCA)。ベルギー王国公認税理士。慶応義塾大学経済学部卒業。ケンブリッジ大学(ペンブルック・コレッジ) およびカトリック・ルーベン大学院修士課程修了。ハーバード・ビジネススクールGMP。著書に『人生を豊かにする英語の名言』『イギリス英語は落とし穴だらけ』(ともに研究社)など多数。現在、『クーリエ・ジャポン』(講談社)にて異文化比較論のエッセイを好評連載中。好きなものは、海、旅、酒、犬。
Twitter ID: stevebrussels
Facebook ID: meigen777

本書はオンライン雑誌「クーリエ・ジャポン」（講談社）の連載
「ここがおかしい『ニッポン神話』」（２０１４年６月〜２０１８年７月）に加筆し、まとめたものです。

その「日本人論《にほんじんろん》」に異議《いぎ》あり！
大変革時代《だいへんかくじだい》の日本人像《にほんじんぞう》を求《もと》めて

2018年11月10日　初版第1刷発行

著者　……………スティーブ・モリヤマ
発行人　…………相澤正夫
発行所　…………株式会社　芸術新聞社
〒101-0052　東京都千代田区神田小川町2-3-12
神田小川町ビル7F
TEL　03-5280-9081（販売）
03-5280-9087（編集）
FAX　03-5280-9088
URL　http://www.gei-shin.co.jp

デザイン　………美柑和俊＋塚本亜由美（MIKAN-DESIGN）
印刷・製本　……シナノ印刷株式会社

ISBN 978-4-87586-549-0 C0036